部活で 差がつく!

# 勝つ卓球 上達のポイント50

湘南工科大学附属高等学校
卓球部総監督
長谷部 攝 監修

# はじめに

この本は、中学・高校の部活動で「上達を目指す生徒・強くなりたい生徒」、卓球サークルで「卓球を楽しんでいる初級者・中級者」、そして現在よりもさらに良い指導を目指している「部活顧問の先生・サークルの指導者・コーチ」の人たちを対象としています。

卓球をはじめ、すべてのものには「基本」があります。基本とは、こうすれば上手くいくという道理・原則です。その基本の重要性と上達のポイントが読者の方に伝わるように構成しました。ぜひ理解し、身につけて大きくジャンプアップしてください。

私は、選手として10年、高校卓球部顧問として30年以上、講習会の講師やコーチとしておおよそ10年の計50年、半世紀を卓球と関わってきました。その中で多くの方々から、たくさんのことを教わり、学びました。また、指導の現場で感じたこと、気づいた点もあります。その学びと経験を、新装版としてリニューアルしたこの本でできるだけわかりやすく説明しました。

「サーブが切れない」「バックハンドが振れない」「ドライブがかからない」「効率的な練習方法は?」「初心者のミスの原因は?」など、よ

く耳にする選手と指導者の悩みについて、答えになるような新しいPOINTテーマも盛り込んであります。

また基本技術や応用技術に加えて、最近の試合で使用されるチキータや巻き込みサービス、YGサービス、カウンタードライブ・ペンの裏面打法などの新しい技術もコツをまじえて新たに解説しています。

巻末ページには、生徒の皆さんと指導者の先生に向けて、より良い部にするための技術以外に重要と思われるPOINTを、私からのメッセージという形でPART7に記してあります。指導者の先生方はPART7から読まれても良いでしょう。

部活動は、練習環境・練習時間など恵まれない環境で行われることが多いと思います。しかし、将来の皆さんの人生で必ず役立つことや、部活動でしか学べないことがたくさんあります。壁にぶつかって悩んだり、やめたいと思うこともあることでしょう。頑張って部活動に取り組んでください。そして、壁を乗り越えてください。

皆さんが卓球を楽しみ、上達すること。人間的に大きく成長されることを願っています。

長谷部攝

（プロフィール）
1958,4,5 生　神奈川県横浜市出身
湘南工科大学附属高校、青山学院大学卒業

大学卒業後、1 年間三井銀行に勤める。その後母校の湘南工科大学附属高等学校にて地歴公民科の教員として教壇に立ち、また卓球部顧問・監督して 30 年部活動の指導にあたった。平成 22 年に文部科学大臣優秀教員表彰、平成 17 年に神奈川県体育功労者表彰を受けている。卓球部は全国総合体育大会（インターハイ）神奈川県予選を 53 回優勝している。

長谷部の指導期間内では、夏のインターハイ神奈川県予選（29 年連続優勝）、全国選抜予選につながる秋の神奈川県新人大会（30 年連続優勝）と神奈川県内で 1 度も敗戦をしていない。

インターハイ、全国高校選抜大会、国民体育大会、全日本選手権をあわせて、100 回以上の全国大会に監督として出場。また日本卓球教会指導者養成委員、関東高等学校体育連盟卓球専門部部長を歴任した。現在は母校で総監督として指導に当たるほか、神奈川県及び近県の卓球指導者、レディースサークル、小学生、中学生、高校生に幅広く卓球の指導にあたっている。

# この本の使い方

この本は、卓球の上達のポイントをプレイごとに提案した本です。

基本的に見開きで1つのプレイのポイントを紹介しています。自分の苦手とする項目やテクニックなど、習得したい部分を選んで読み進められます。

また、そのコツを素早く習得するため、ポイントをさらに細かく、写真と文章で説明しています。

さらに、この本では部活動に焦点をあて、部活動での練習法や部活動においての考え方などをページにも盛り込んでいます。部活動で練習する上での参考にしてください。

PART 2
POINT 06
フォアハンドの基本
ボールをよく見て、体の正面で打つ
ECK POINT!
ールをよく見て打球点は体の前
打ちせずカカトはフォロー スルーで床から離れる
ングを打つときは台から離れる
ボールを体の正面でとらえる
フォアハンドは、右利きの場合、体の右側のボールを打つスイングのことを言います。利き腕を右腰の横まで引いて打てるので強い打球を打つことが可能です。基本姿勢から、腰をまわすと同時に、腕を後ろにひいてバックスイングをとります。
そのまま、腰の回転を利用してスイングをしていきますが、そのとき、ラケットは床と平行に近くなるように振るのがポイントです。
また、肩が開かないようにするためにも、必ずフリーハンドを高い位置に置くようにしましょう。最近は平行足で腰を
22

**タイトル**
タイトルには、このページの一番大切なポイント、テクニックが記載されています。常に念頭に入れてプレイしましょう。

**CHECK POINT!**
プレイをする上で、重要なテクニックのコツを3つ記しています。

**本文**
紹介しているコツの概要、それにまつわる知識を紹介しています。

**コツ**
タイトルやCHECKと連動して、コツをつかみやすいよう、写真を使って詳しく説明します。

**コツ①　ボールをよく見て打球点は体の前**

打球点（ボールを打つ位置）がバラバラではコントロールがつきにくい。そのためには、ボールから目を離さずに、上下動のない移動を行うこと。相手ボールがバウンドした頂点付近に体の正面がくるよう、常に意識する。

**コツ②　手打ちせずカカトはフォロースルーで床から離れる**

コンパクトなフォームのなかでも、しっかりカカトにウエイトを乗せてバックスイングをとる。そこからスイングと同時に前重心に移行し、フォロースルーではカカトが床から離れるイメージを持つと良いだろう。

**コツ③　ロングを打つときは台から離れる**

フォアハンドロングでの台との距離は、目安として70cm～1.5m程度。とはいえ、頭で考えるより、普段の練習から距離の感覚を体で覚えていくのがいい。あまり後ろにさがりすぎてしまうと、打球点がさがり、コントロールが難しくなってしまうので注意。

クローズアップ
別方向からCHECK

**バックスイングを大きくとる**

バックスイングを大きくとる目的は、腕の振りを大きくすることではなく、より大きく腰をひねらせて、ボールを強く打つ下半身の回転力を作りだすことだ。そのために、逆足や棒立ちでは効果がなく、必ず基本姿勢を保っておきたい。

23

**クローズアップ**
わかりにくい部分をアップ写真を使ってさらに説明します。

**ココに注意**
初心者がとくに犯しやすい問題点や間違いを写真を使って説明します。

**ひとことアドバイス**
コツ①～③以外に注意したい点や顧問からのアドバイスを記します。

# 目次



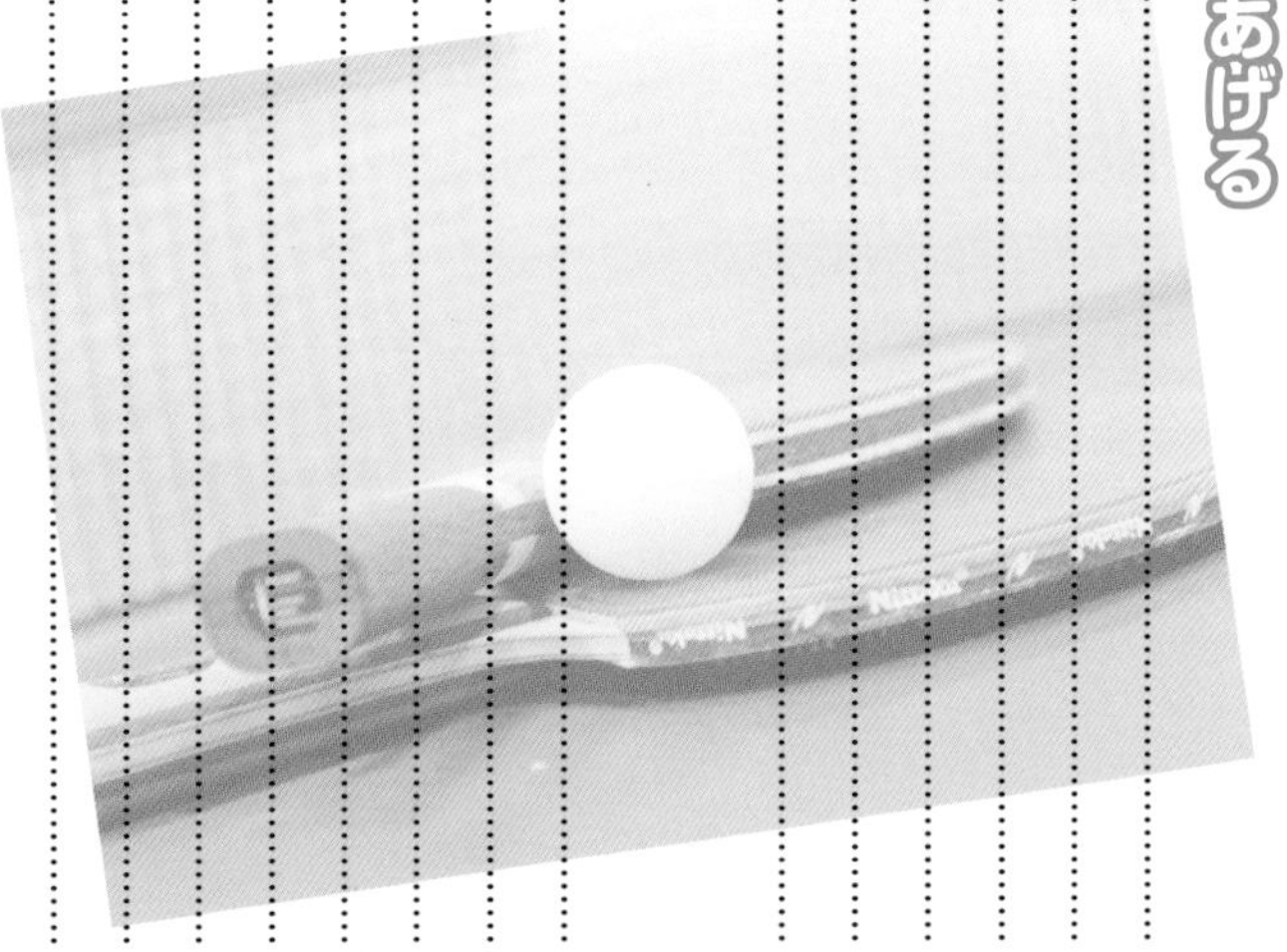

※本書は2011年発行の『部活で大活躍できる!!勝つ！卓球 最強のポイント50』を元に加筆・修正を行っています。

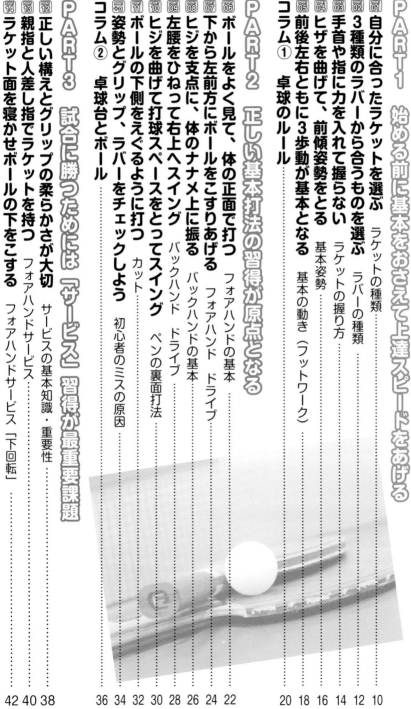

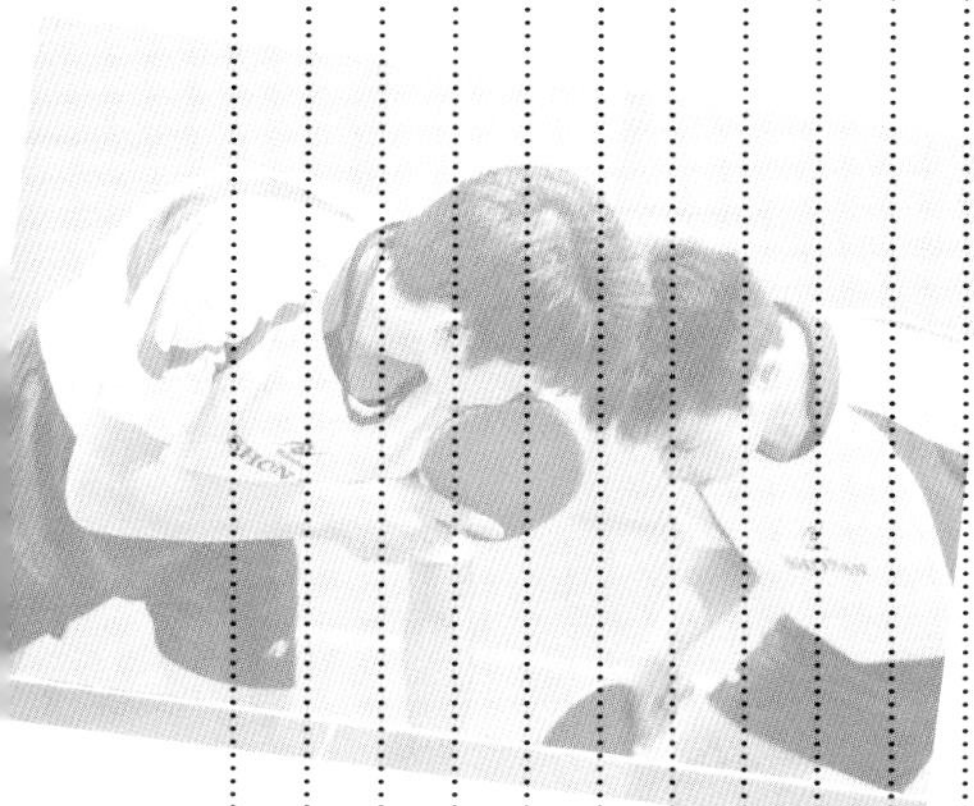

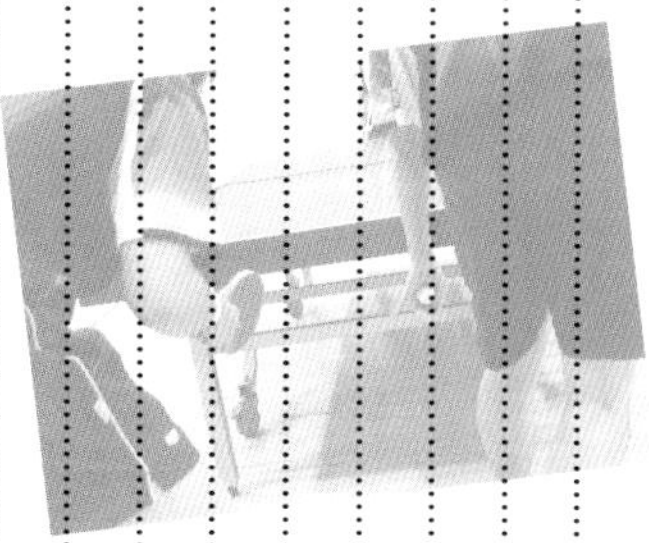

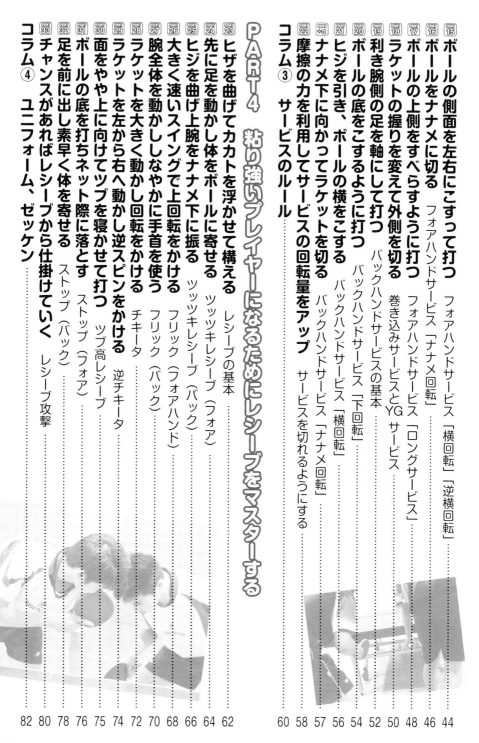

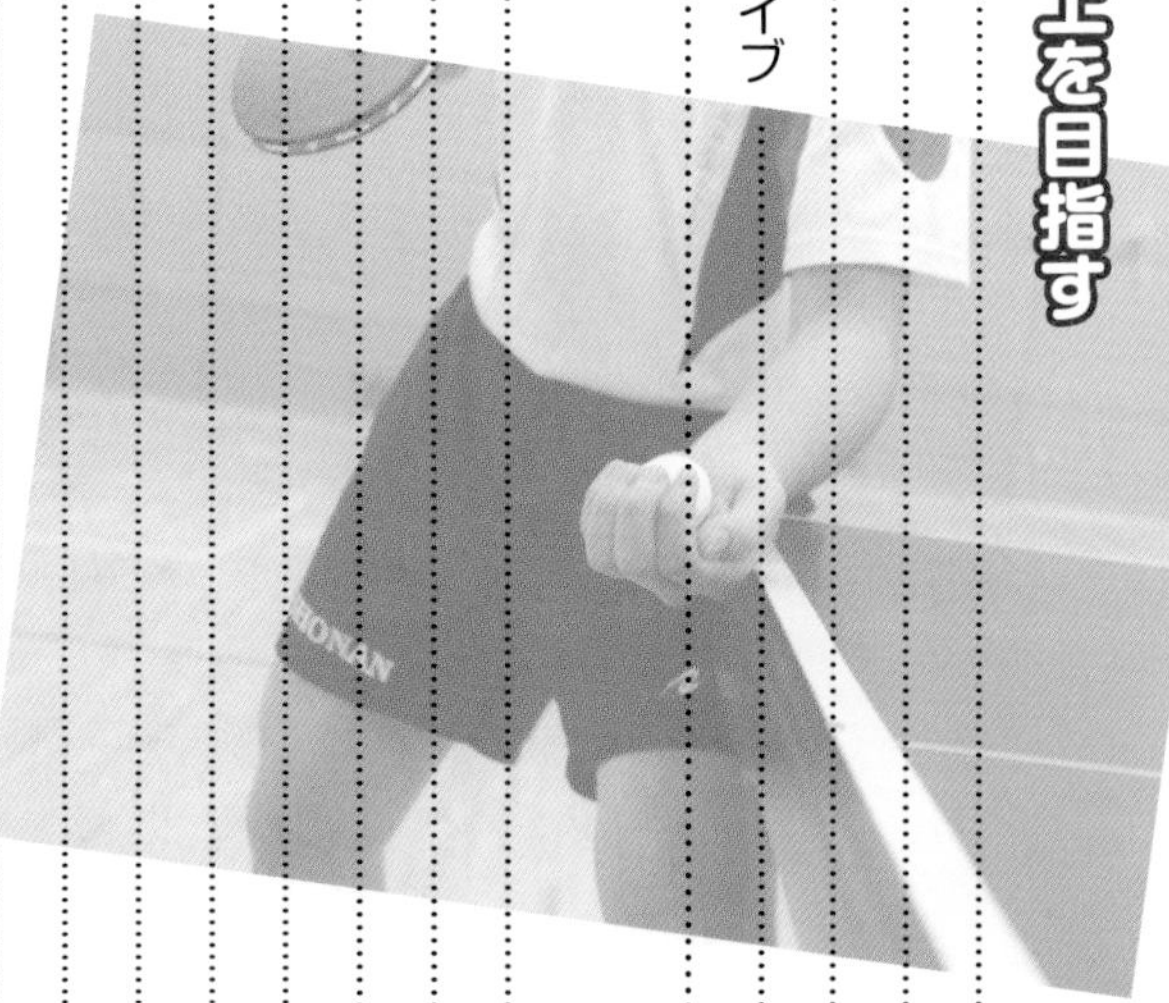

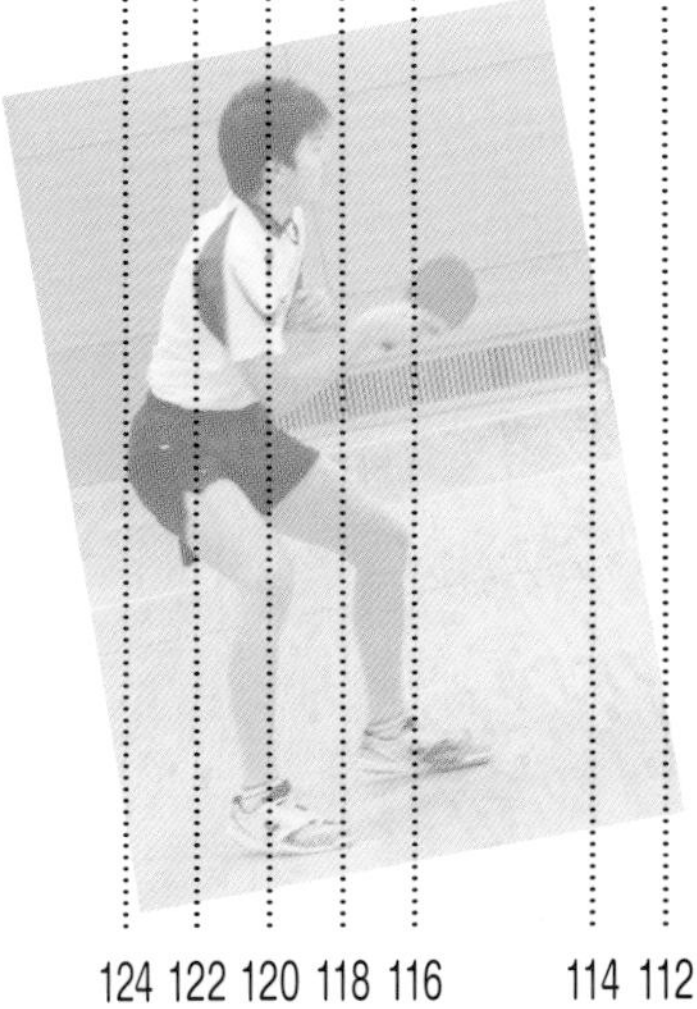

# Part 1

## 始める前に基本をおさえて上達スピードをあげる

POINT 01

# 自分に合ったラケットを選ぶ

卓球をプレイする上で、まず始めに行うのがラケット選び。ラケットの種類と特徴を押さえて、間違いのないラケット選びで上達のスピードをあげる。

**CHECK POINT!**

❶シェイクとペンの2種類からラケットを選ぶ
❷シェイクの特徴はバックハンドが楽にできる
❸ペンの特徴はフォアハンドから強い球が打てる

## 2種類のラケットから合ったものを選ぶ

ラケットには、シェイクハンドとペンホルダーの2種類があり、まずはどちらかのラケットを選ぶことから始めます。

握手をするように握る**シェイクハンドは、両面で打つため、バックハンドがペンフォルダーと比べて打ちやすいという利点があります。**

**ペンホルダーはペンを持つように握るため、手首が動きやすく、細かいプレイを行いやすくなりますが、**片面だけで打つためにバックハンドでは、シェイクハンドに比べて難しい技術が必要となります。

現在、多くのプレイヤーがシェイクハンドを使っており、主流と言えます。

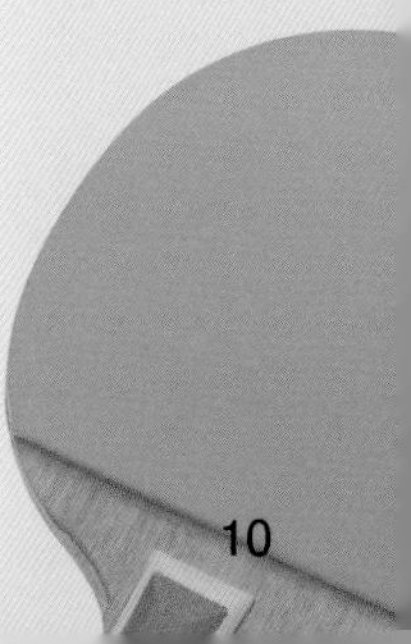

## コツ① 2種類のタイプからラケットを選ぼう

卓球を始めるにあたって、まずはラケット選びから始める。通常、シェイクハンドは両面にラバーを貼り、ペンホルダーは片面のみに貼る。どちらが有利ということはなく、あくまでも使いやすいものを選ぶのがベスト。

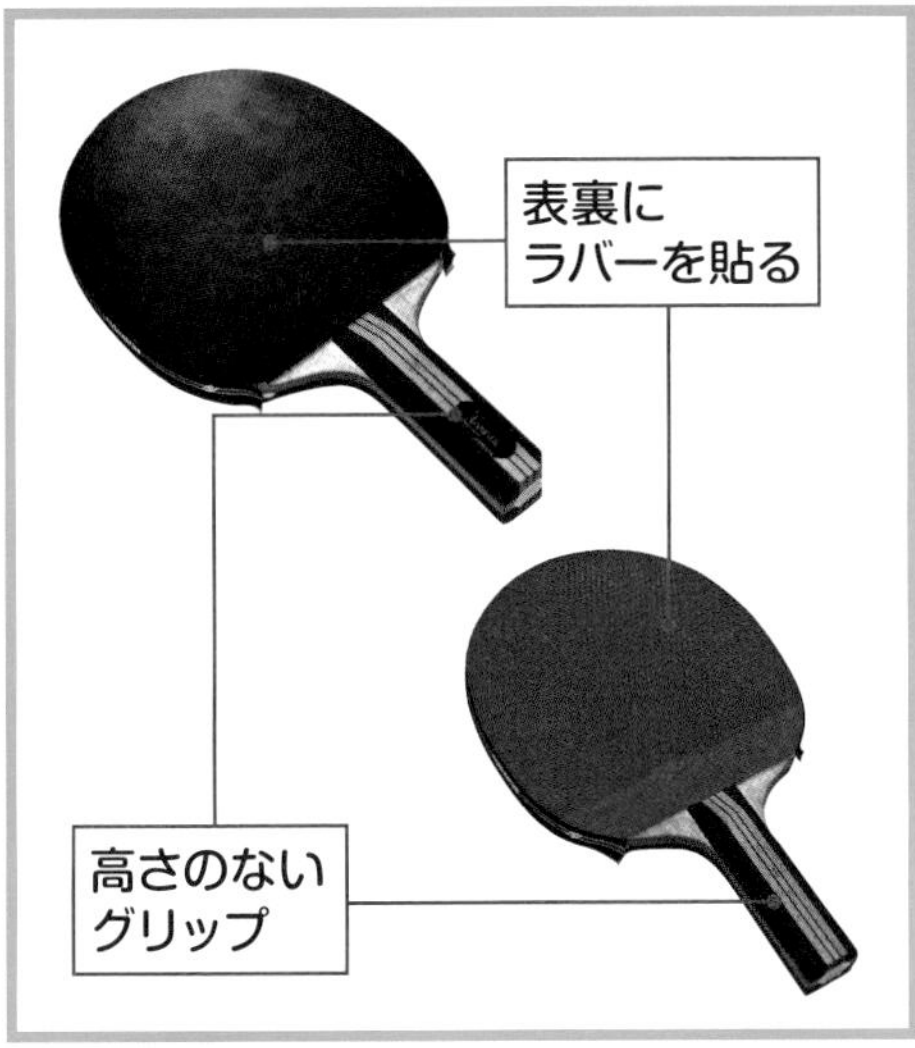


## コツ② バックハンドのやさしさから主流はシェイク

現在の卓球では、ラケットはシェイクハンドが主流だ。その最大の理由は、シェイクはバックハンドからも攻撃ができること。バックハンドでは、攻撃が難しいペンと、積極的に攻撃のできるシェイクでは、単純に大きな戦力の違いがある。よほどのこだわりがないかぎり、シェイクの方が現代では有利な点が多いといえる。

特に部活動では、その扱いやすさからシェイクハンドのプレイヤーが多いといえよう。

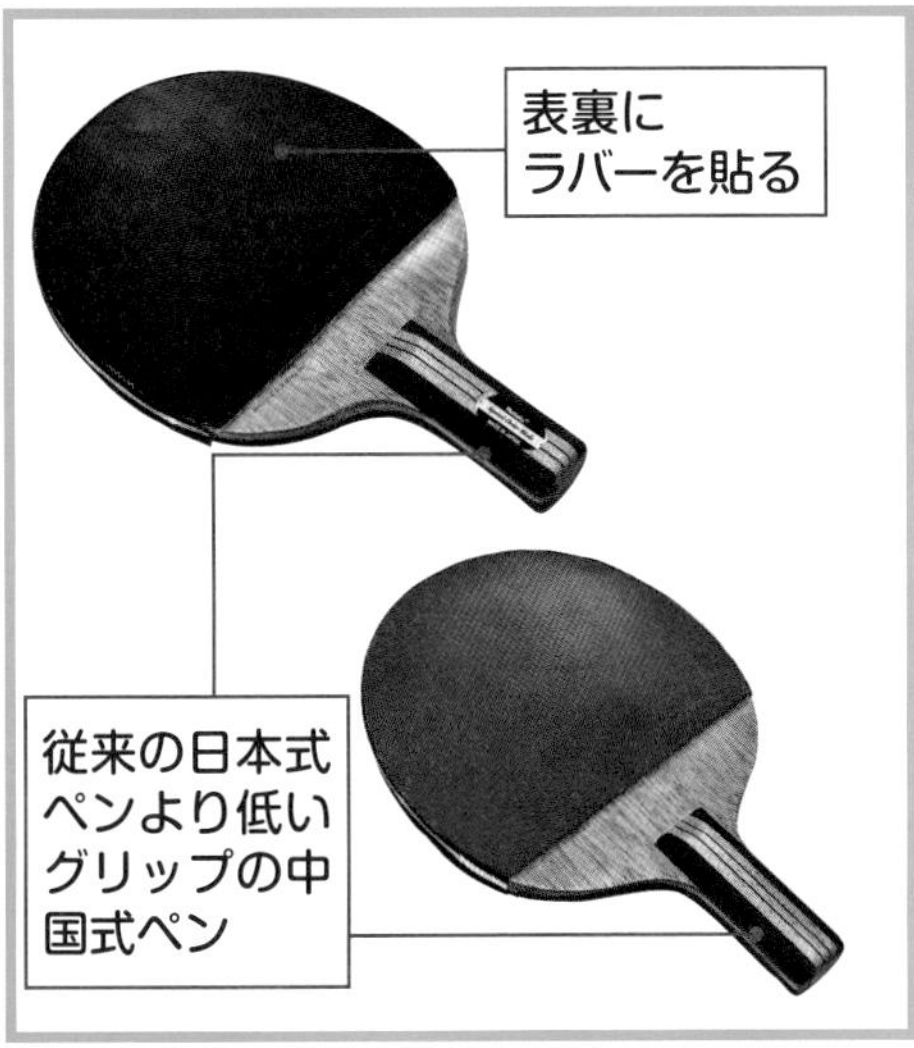


## コツ③ ペンでは力強いファアが打てる

ペンの最大の利点は、フォアハンドでシェイクハンドでは打てない爆発力のある、強いボールを打つことができること。さらに、台上の細かいプレイがやりやすいことだ。

ただし、バックハンドが難しく、それをカバーするためのフットワークや体力が必要となる。

部活動でペンを使うプレイヤーは少ないが、最近は裏面にラバーを貼り、裏面打法を使う選手が増えている。

POINT 02

# 3種類のラバーから合うものを選ぶ

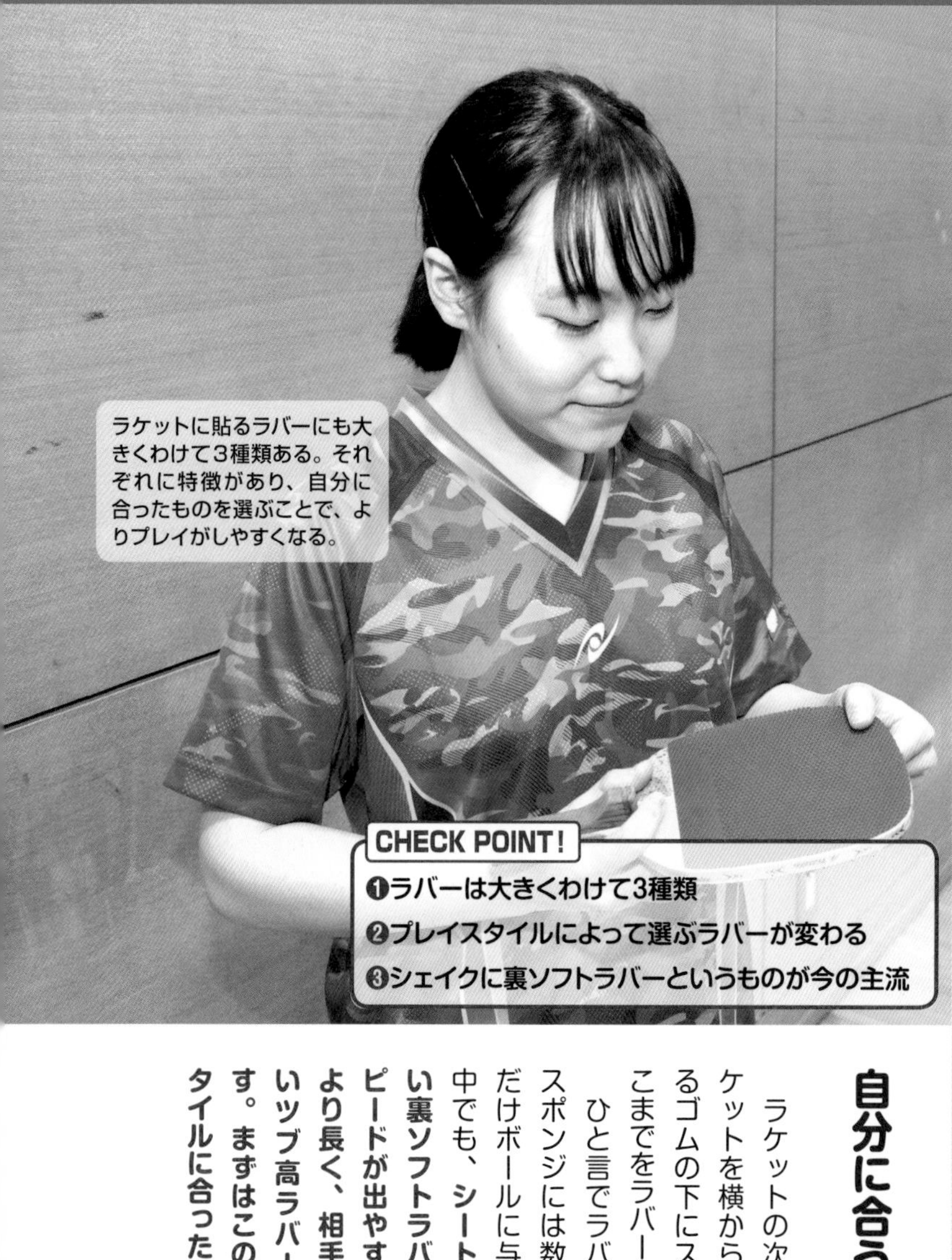

ラケットに貼るラバーにも大きくわけて3種類ある。それぞれに特徴があり、自分に合ったものを選ぶことで、よりプレイがしやすくなる。

**CHECK POINT!**

❶ラバーは大きくわけて3種類
❷プレイスタイルによって選ぶラバーが変わる
❸シェイクに裏ソフトラバーというものが今の主流

## 自分に合うラバーを探そう

ラケットの次にラバーを選びます。ラケットを横から見ると、シートと呼ばれるゴムの下にスポンジが貼ってあり、ここまでをラバーと呼びます。

ひと言でラバーと言っても、シートとスポンジには数百の種類があり、その数だけボールに与える効果も変わります。中でも、**シートが平らで回転がかけやすい裏ソフトラバー、シートに粒がありスピードが出やすい表ソフトラバー、粒がより長く、相手の回転に変化をつけやすいツブ高ラバーの3種類に分類できます。まずはこの中から、自分のプレイスタイルに合ったものを選びます。**

コツ ①〜③

## 主流は裏ソフトだが、自分に合ったものを選ぶ。

### 裏ソフトラバー

ビギナーにもっともお勧めのラバー。表面にツブがなく平らで、ボールに回転をかけやすく、またスピードもでる。そのため、ドライブ型やカット型の選手を始め、もっとも多くの選手に使用されているラバーである。ただし、相手の回転の影響を受けやすいので、よく見きわめる必要がある。

### 表ソフトラバー

表面にたくさんの粒があるために、回転をかけるには技術が必要。しかし、球離れが早く、スピードがでるため、おもに速攻型選手に好んで使用されている。さらに、相手の回転の影響を受けにくいという利点がある。そのためコントロールがつけやすく、ビギナーにも扱いやすいラバーである。

### ツブ高ラバー

表ソフトより、長くやわらかいツブがたくさんあり、相手の回転に逆の回転をかけるなど、打ち方によって、さまざまな変化球を生むことができる。ただし、ツブが高くボールがはずみにくいためにコントロールがつきにくく、また、自分から回転をかけるのは難しい。ビギナーが使用することは少ないラバーといえる。

※ソフトラバーでありながら、回転のかかりの少ないアンチソフトラバーもある。

POINT 03

# 手首や指に力を入れて握らない

シェイクハンド

別方向から

**CHECK POINT!**

❶シェイクは、握手をする形で、正面に向けて握る
❷ペンは、横からえんぴつを持つように握る
❸シェイクのバックはグラつかない程度の力で握る

## 握手するように握り正面に向ける

握手するよう正面に手を出し握り、人差し指はラケットの面に軽くそえます。このとき、ひっぱったら抜けるくらいやわらかい力で握ることで、左右の動きに素早く対処できるようグリップに遊びを作るのです。また、ヘッドが上や下を向きすぎると、力強く振れないので、まっすぐより少し先端があがるくらいにして握りましょう。

**ココに注意！**

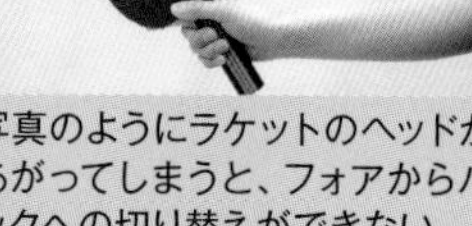

写真のようにラケットのヘッドがあがってしまうと、フォアからバックへの切り替えができない。

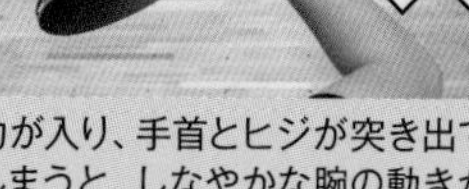

力が入り、手首とヒジが突き出てしまうと、しなやかな腕の動きが使えない。

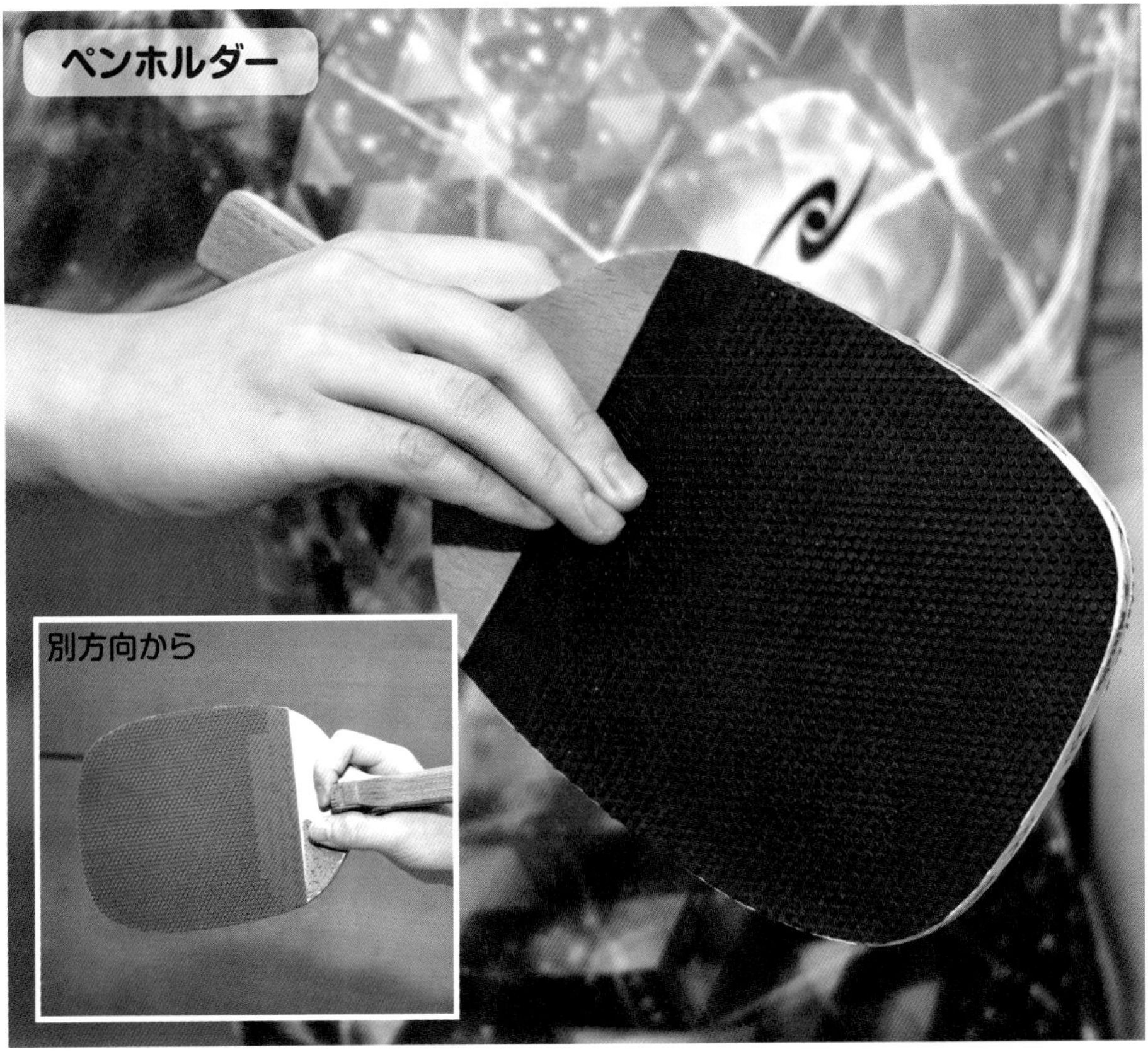


## 横からペンを持つように軽く握る

**横からえんぴつを持つようにして、力を入れず、遊びがでる程度に軽く握っていきます。**

このとき、親指を深く入れすぎると手首が使いづらくなるため、ラケットに浅くのせるだけにします。

裏面に接するのは、中指だけでも、中指と薬指でも、小指までの3本ともでもかまいませんが、いずれも伸ばさずに丸めておきましょう。基本的に力を入れずに握り、打つ瞬間だけ力を入れます。力を入れて握ると、指や手首の動きが悪くなります。

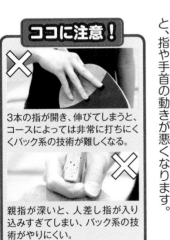

### ココに注意！

3本の指が開き、伸びてしまうと、コースによっては非常に打ちにくくバック系の技術が難しくなる。

親指が深いと、人差し指が入り込みすぎてしまい、バック系の技術がやりにくい。

基本姿勢をしっかりととることで、スムーズなスイングやフットワークを行うことができ、ボールを効率よくとらえられるようになる。

CHECK POINT !

❶肩幅より少し広めにスタンスをとり、右足を少し引いて前重心に
❷ラケットはみぞおちの高さに構える（台より20cmくらい高く）
❸フリーハンドをラケットと同じ高さに構える

# POINT 04 ヒザを曲げて、前傾姿勢をとる

## 重心を前におき、前傾姿勢をとる

正しい基本姿勢を覚えることは、グリップと並んで、もっとも大切なポイント。シェイクもペンも同様の姿勢をとります。

まず、**足は肩幅より少し広めにとり、利き腕側の足をやや後ろにさげ、ヒザを軽く曲げ、カカトをあげてツマ先に重心を乗せます。**上半身は、肩と平行を保ったまま前傾姿勢をとり、ワキを軽く締めます。

そのままヒジを曲げて、**ラケットをみぞおちの高さに構え、ラケットの先を相手に向けます。**

このとき、フリーハンド（ラケットを持たない手）が、ラケットと対象にあるように意識しましょう。

## コツ① 利き腕側の足を引き前傾姿勢になる

左上の写真のように、足を肩幅より少し広く開き、ヒザを軽く曲げる。ツマ先に重心をかけて、前重心になろう。基本姿勢がうまくとれない場合には、軽くジャンプし、ツマ先で着地してみよう。そのまま構えれば、基本姿勢となる。

## コツ② ラケットは台より上で構える

ラケットは、胸からへその間の高さで、リラックスした状態で構える。ラケットの位置が低いと、無駄な動きが多くなり、当然ボールへの反応も遅れ、また無理な体勢からスイングを行うこととなる。体に負担がかかり、故障の原因にもなる。

## コツ③ フリーハンドも高い位置にとどめる

フリーハンドは、ラケット同様、高い位置におく。ラケットを持たない手をしっかり使うことで、スイング時のボディーバランスが保て、また強いスイングで球を打つことができる。基本姿勢から、つねにフリーハンドを意識しておくことが必要である。

### ココに注意！

**後傾姿勢やヒザを伸ばした姿勢に注意**

左の写真では、カカトに体重が乗り、後ろ重心になってしまっている。右は、ヒザが伸びきってしまったため、不自然に腰が曲がってしまう。ボールに素早く対応するためには、正しい姿勢をとりたい。

POINT 05

# 前後左右ともに3歩動が基本となる

誤ったフットワークは、動きの遅さ、ムダ、バランスを崩すことになる。そのため、正しいスイングのさまたげになったり、スタミナのロスにつながる。基本の3歩動を、左右と前後でできるように練習しよう。

**CHECK POINT!**

❶前後、左右、基本的には3歩で動く

❷基本姿勢を保ったまま体の軸を動かさない

❸小さい動きの場合には2歩動や1歩動で対処

## 利き腕側の足から3歩で移動する

**卓球のフットワークの基本は3歩動で**す。無駄な足の運びのない3歩動は、フットワークによるスタミナのロスを防げるのはもちろん、上半身の動きがバランスよく行えるメリットがあります。

それにより、フォアやバックへの強い攻撃や、フェイントなど、前後左右どんなボールにも、**3歩動のフットワークで、上半身は基本姿勢を保ったままボールに対処することができます。**

3歩動は、試合中に頭で考えてすぐにできるものではありません。練習中から常に意識して行い、自然に動けるようになるまで体に覚えさせておきましょう。**フットワークは3歩動だけでなく、動く範囲によって1歩動と2歩動もあります。**

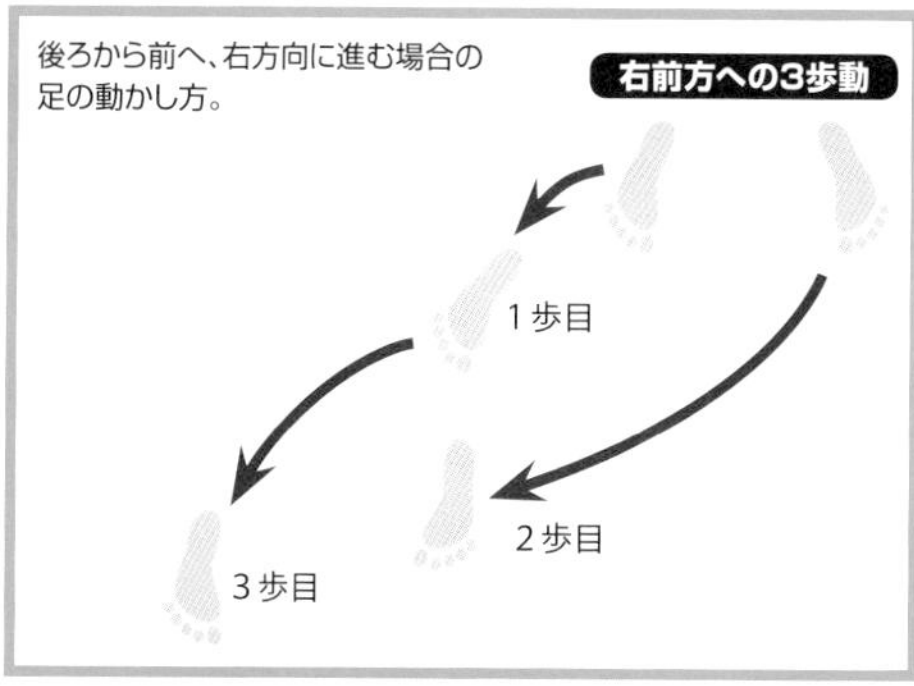

後ろから前へ、右方向に進む場合の
足の動かし方。

## コツ① 3歩で動くのが基本フットワーク

右と後ろへのフットワークの場合には、基本姿勢から、右足を半歩右側に動かす送り足を行い、続けて左足を右足に近づけ、最後に右足を踏み込む。左と前へのフットワークの場合は、逆になり、左足の送り足から始め、右足を引きつけて左足を踏み込む。

## コツ② 基本姿勢を保ち目線は動かさない

3歩動では、体の軸を保ち、上半身は傾けないように注意する。目線も一定の高さを保とう。力を入れる必要はなく、自然とPOINT04 の基本姿勢のまま、足だけを動かすのがベスト。基本姿勢が崩れてしまうと、スムーズなスイングができなくなる。

## コツ③ 小さい動きには2歩動や1歩動を使う

小さな速い動きが必要なときは、2歩動や1歩動を使う。2歩動の右へのフットワークは、右利きの場合、1歩目を左足で行い、次に右足を運んで打つ。1歩動は最初から右足を運んで打つ方法である。速いラリーが多い最近の試合では、2歩動も多様される。

## ひとことアドバイス

### 前後のフットワーク

左右への動きと同様、前後のフットワークも身につけておくことが大切だ。足の動かし方は、左右と同じ。カットマンと呼ばれる、相手の攻撃を下回転で返すカットを主とするプレイヤーは特に、前後のフットワークを多用する。

# コラム① 卓球のルール

卓球は、選手が交互にボールを打ち合い、点数をとりあうスポーツです。プレイヤーは、自分のコートに打たれたボールをワンバウンドで返球します。試合は1ゲーム11本先取で勝利。5ゲームス・マッチか7ゲームス・マッチで行われます。得点が10—10となると、ジュースになり、そこから2点差をつけたプレイヤーが勝ちます。

卓球では、ゲームの合間にタオルを使うことができるのは、得点の合計が6点ごとと決められています。例えば、2—4、3—3などの場合がそれです。

ダブルスでは、ペア同士が1球ずつ交互に打ちます。同じプレイヤーが続けて打つと、失点となります。

また、ダブルスのサービスでは、右半面のサーバー側のコートから、クロスのコートに出します。

# Part 2

## 正しい基本打法の習得が原点となる

POINT 06

# ボールをよく見て、体の正面で打つ

**CHECK POINT!**

❶ボールをよく見て打球点は体の前
❷手打ちせずカカトはフォロースルーで床から離れる
❸ロングを打つときは台から離れる

## ボールを体の正面でとらえる

フォアハンドは、右利きの場合、体の右側のボールを打つスイングのことを言います。利き腕を右腰の横まで引いて打てるので強い打球を打つことが可能です。基本姿勢から、腰をまわすと同時に、腕を後ろにひいてバックスイングをとります。

そのまま、**腰の回転を利用してスイングをしていきますが、そのとき、ラケットは床と平行に近くなるように振るのがポイントです。**

また、**肩が開かないようにするためにも、必ずフリーハンドを高い位置に置くようにしましょう。**最近は平行足で腰を捻らず、手だけで打球してしまうミスが多くみられるので注意しましょう。

## コツ① ボールをよく見て打球点は体の前

打球点（ボールを打つ位置）がバラバラではコントロールがつきにくい。そのためには、ボールから目を離さずに、上下動のない移動を行うこと。相手ボールがバウンドした頂点付近に体の正面がくるよう、常に意識する。

## コツ② 手打ちせずカカトはフォロースルーで床から離れる

コンパクトなフォームのなかでも、しっかりカカトにウエイトを乗せてバックスイングをとる。そこからスイングと同時に前重心に移行し、フォロースルーではカカトが床から離れるイメージを持つと良いだろう。

## コツ③ ロングを打つときは台から離れる

フォアハンドロングでの台との距離は、目安として70㎝～1.5m程度。とはいえ、頭で考えるより、普段の練習から距離の感覚を体で覚えていくのがいい。あまり後ろにさがりすぎてしまうと、打球点がさがり、コントロールが難しくなってしまうので注意。

クローズアップ
別方向からCHECK

### バックスイングを大きくとる

バックスイングを大きくとる目的は、腕の振りを大きくすることではなく、より大きく腰をひねらせて、ボールを強く打つ下半身の回転力を作りだすことだ。そのために、逆足や棒立ちでは効果がなく、必ず基本姿勢を保っておきたい。

POINT 07

フォアハンド　ドライブ

# 下から左前方にボールをこすりあげる

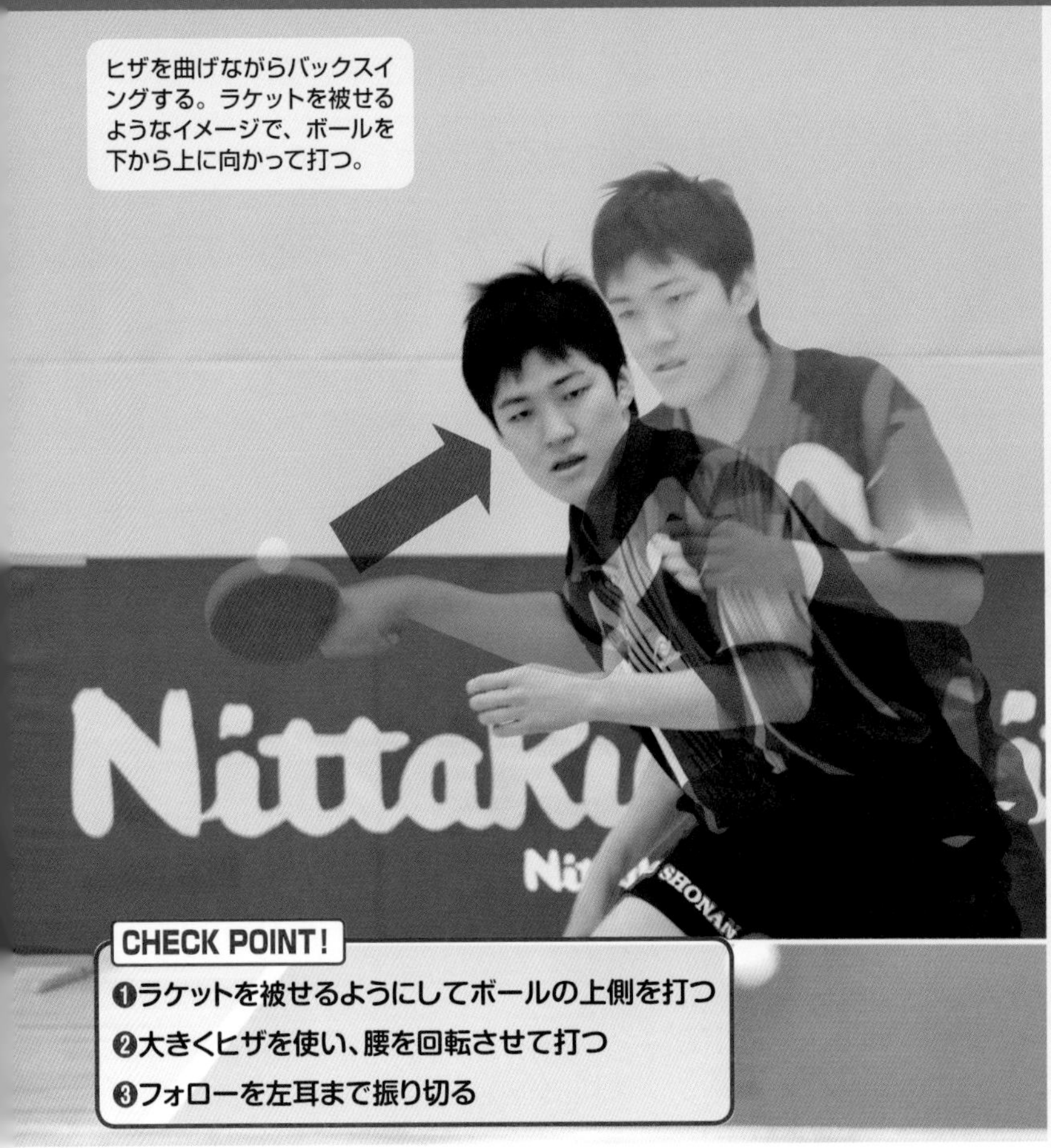

ヒザを曲げながらバックスイングする。ラケットを被せるようなイメージで、ボールを下から上に向かって打つ。

**CHECK POINT!**

❶ラケットを被せるようにしてボールの上側を打つ
❷大きくヒザを使い、腰を回転させて打つ
❸フォローを左耳まで振り切る

## 右下から左上の斜め前方へこするように打つ

ドライブは、**ボールの下からナナメ前方に向かってこするように打つことで、ボールに上回転をかけて相手のコートに打ち込む打法です。**

ドライブで上回転がかかったボールは、下方向に弧を描いて飛んでいくという特徴があります。

そのために、直線的に打った球よりミスが少なく、ボールの高低に関わらず安定した攻撃が可能なため、現在の卓球の主流となっています。

弧の大きなループドライブと、低いボールで決定力のあるパワードライブがありますが、どちらも体のひねりでドライブをかけます。

## コツ① ヒジから先を使い下から上へ

強いドライブを打つためには、下から上へのスイングが必要なので、腰を落としてボールを引きつけながら、ラケットを腰の高さまでさげる。ラケットはインパクトの瞬間に強く握り、ヒジから先を使い、ボールをやや下からナナメ上へこするように打つ。

## コツ② ヒザを曲げて腰をひねる

ドライブは、下から上へボールをこすりあげて打つ。スイング時に上への力も加わるため、より重心を低くする必要がある。このとき、ヒザを曲げて重心を右足に乗せる。そのまま伸び上がるように腰を回転させ、左足に重心を移してスイングする。

## コツ③ フォローは左耳まで大きく振り切る

より回転のきいたドライブを強く打つために、体全体を使う必要がある。当然フォローも大きく行い、少なくても左の耳あたりまで振り切る。フォローを早めに止めてしまうと、スピンに勢いがつかなくなるので、最後までしっかり振り切ろう。

クローズアップ
別方向からCHECK

### 軽く握りインパクトで少し強く握る

ラケットを常に強く握っているより、インパクトの瞬間に力を入れる方が、ボールに強い回転を与えることができる。例えるならば、パーで振り出し、インパクトの瞬間にグッと力を入れて振り切るイメージだ。

POINT 08

# ヒジを支点に、体のナナメ上に振る

肩幅程度に足を開いて立ち、ヒザを軽く曲げる。ヒジを軽く曲げてあげ、バックスイング。ヒジを支点としてヒジ先を使ってボールを打つ。

**CHECK POINT!**

❶ヒジを支点にして、ヒジから先で打つ
❷足は肩幅に広げて、平行、もしくは利き腕側が前
❸ラケットを横にして構える

## ヒジから先でフリーハンド側からナナメ上へ打つ

バックハンドとは、フリーハンド側（利き手と反対側）でボールを打つこと。大きく後ろに引けるフォア側よりも窮屈に感じるために、苦手にしている人が多いようです。しかし、無理な動きが少ないプレイのため、練習でコツさえ覚えれば、すぐに自分のものにできるでしょう。

**両足を肩幅より広く開き、ヒザを曲げて立つ**のはフォアと同じですが、このときに利き腕側の足が後ろになると、うまく打てません。**足は、平行に保ち、利き腕側を少し前に出し、腰を捻り少し半身になります。腕全体ではなく、ヒジを支点にして体を対角線上に横切るようにスイングします。**

## コツ① ヒジから先を使い下から上へ

バックスイングは、ヒジを軽く曲げて、ヒジを支点にしたヒジ先の動きでスイングを作りボールを打っていく。このときにヒジの位置が、体に近すぎたり、体の内側に入っていると、スペースがなくなりスイングができないので、体の外側にヒジをおく。

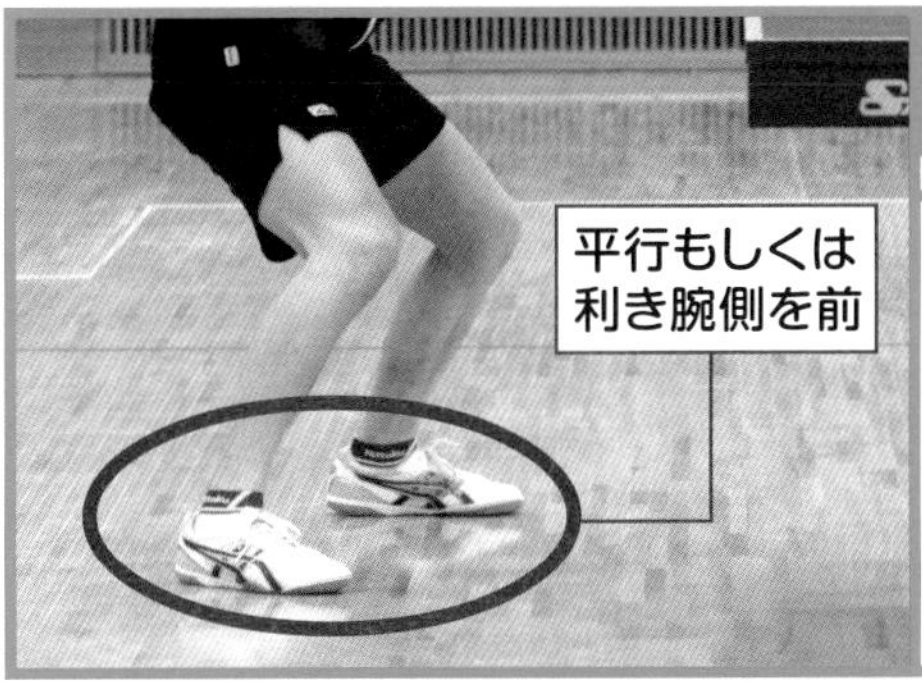


## コツ② 足を広げて平行か利き腕側を前に

バックハンドでは、フォアハンドとは足の位置が逆で、利き腕側の足が前、もしくは平行で構える。これが左足が前になってしまうと、体重移動ができずに、うまくスイングができない。また、ラケットを振るスペースが狭くなってしまう。

## コツ③ ラケットは立てずに横を向ける

シェイクのバックハンドでは、ラケットの先が横になるようにする。写真左のように打球面が下を向いてしまうと、スイング時にミートしにくくなる。ラケットを写真右のように立ててしまうと、初心者に多いただ面を押し出すだけのスイングになりやすい。

### ひとことアドバイス

## シェイクではバックもフォア同様に打てる

シェイクの最大の利点は両面にラバーが貼ってあり、バックでもフォアと変わらずにボールが打てるということ。バックでもフォアと同じ打球が打てれば、試合において非常に有利だ。

POINT 09

バックハンド　ドライブ

# 左腰をひねって右上へスイング

腰、上体をひねって、スイングの空間を確保。足を開き、ヒザは深く曲げる。左腰から右ナナメ上に向かって、ボールの上側をこすって回転をかけながら速いスイング。

**CHECK POINT!**

❶腰を大きくひねり、ナナメ上へスイングする
❷フォアのドライブと同じでヒザを大きく曲げる
❸フリーハンドで、体のバランスを保つ

## フリーハンドを忘れずに、体のバランスを保つ

バックハンドドライブは、一見すると難しそうに見えますが、基本的な動作はフォアと変わりません。習得するのは難しくありませんが、前腕の返しとフォロースルーが重要です。

**しかし、バックの場合は、フォアほど腕を後ろに引けないので、ヒザ、腰、手首の力を利用してスイングします。**

**また、上体をひねり、その回転力を利用して重心を移動しながらスイングすると力強いボールが打てます。**

バックハンドでドライブが打てるようになると、自分の得意な打法へつなぎやすくなり、決定打としても有効です。スイング軌道は左利き選手のフォアハンドドライブを意識しましょう。

## コツ① 肩を入れて上体を十分にひねる

ラケットを持った肩を内側に入れ、腰をひねる。スイングするのに十分な空間を作り、バックスイングをとることが大切だ。そこから、右利きプレイヤーならば右上に向かってスイングするが、この際に、腕と一緒に腰も回転し、重心も右足へ移動する。

## コツ② ヒザを深く曲げインパクトで伸びる

構えの時点からヒザはフォアよりも深く曲げておく。腰を回転させながら、ヒジを支点として、スイングを行い、インパクトの瞬間にヒザ、腰、手首を使って打球する。そうすることで、スピードのある球を打つことができる。

## コツ③ フリーハンドは大きく開く

バックドライブでのフリーハンドは、ワキの下を開け、バックスイングを大きくとれるスペースを作る役割がある。フリーハンドがさがっていると、ワキが開きにくく、スペースを十分にとれないので、強いドライブは打てない。

クローズアップ
別方向からCHECK

### ラケットを体に寄せる

肩を引いてスペースを作ると、ラケットの位置は必然的に写真のように、フリーハンドのヒジ下辺りになり、右手首は内側に曲がる。この際、重心はフリーハンド側の左足。ここから大きなスイングでボールを打つ。

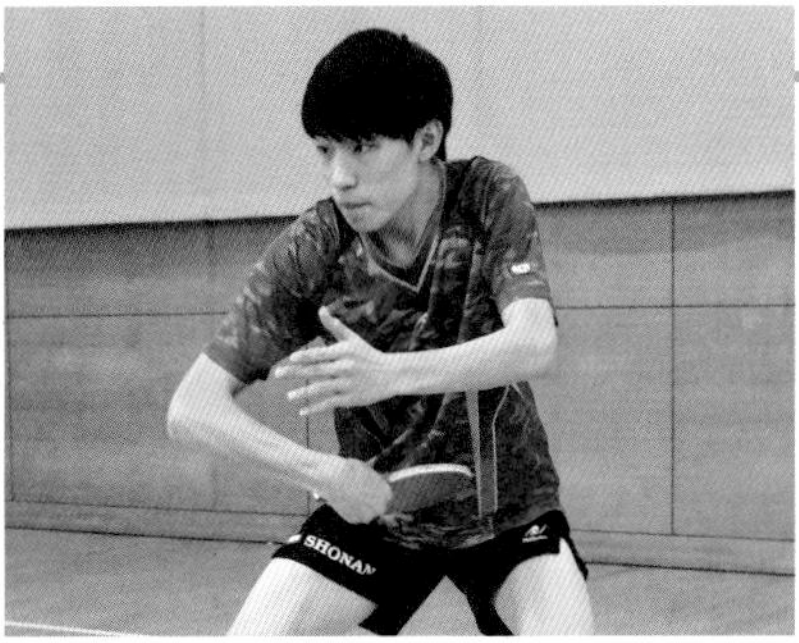

POINT 10

# ヒジを曲げて打球スペースをとってスイング

**CHECK POINT !**

❶ヒジを曲げて打球スペースをつくる
❷左腰から右肩に向けて斜め上にラケットを振る
❸ボールの斜め上をヒットして上回転をかける

## ペンの強みを残しつつ弱点を補う裏面打法

現代の卓球では、台から離れずにバックハンドとフォアハンドを打つ前陣でのプレーが、勝利のカギを握っています。その点では下回転のツッツキやバックハンドでの攻撃的なショットにやや難があった「日本式ペン」に変わって、裏面打法を使う「中国式ペン」が用いられるようになってきました。

**このラケットは裏面にもラバーを貼ることによって、ペンフォルダーの強みを残しつつ、弱点を補う効果が得られます。**

そのためペンでありながらバックハンドドライブや、チキータなどの攻撃的なショットが打てるようになります。

コツ①
## ヒジを曲げて打球スペースをつくる

バックスイングでは体の横にヒジを出し、ヒジ関節を曲げて打球スペースをとる。ラケットの先端がさがってしまうと、スナップの力が使いにくくなり、スピンをかけにくい。フリーハンドは、腰より上でキープする。

コツ②
## 左腰から右肩に向けて斜め上にラケットを振る

スタンスはほぼ平行に開き、ヒザを曲げて上体を前傾した基本姿勢から、左腰の前までバックスイング。そこから右肩前方の斜めにラケットを振り切る。右ヒジが高すぎても、低すぎてもラケットが振りにくいので注意。

コツ③
## ボールの斜め上をヒットして上回転をかける

インパクトからフォロースルーでは、右肩を左肩より前に出していき、打球時に上回転がかかるようボールの斜め上をヒット。左利き選手のフォアハンドドライブをイメージした軌道で振り抜くことがポイント。

クローズアップ
別方向からCHECK

## 裏面を使わないバックハンドはヒジを横に出さずに脇腹につける

裏面を使わないバックハンドでは、右ヒジを横に出さずに打球する。ヒジを右脇腹につけて、前腕の返して打つために裏面打法に比べると、やや窮屈なスイングとなって、打球できるスペースが狭いというウィークポイントがある。

# POINT 11 ボールの下側をえぐるように打つ

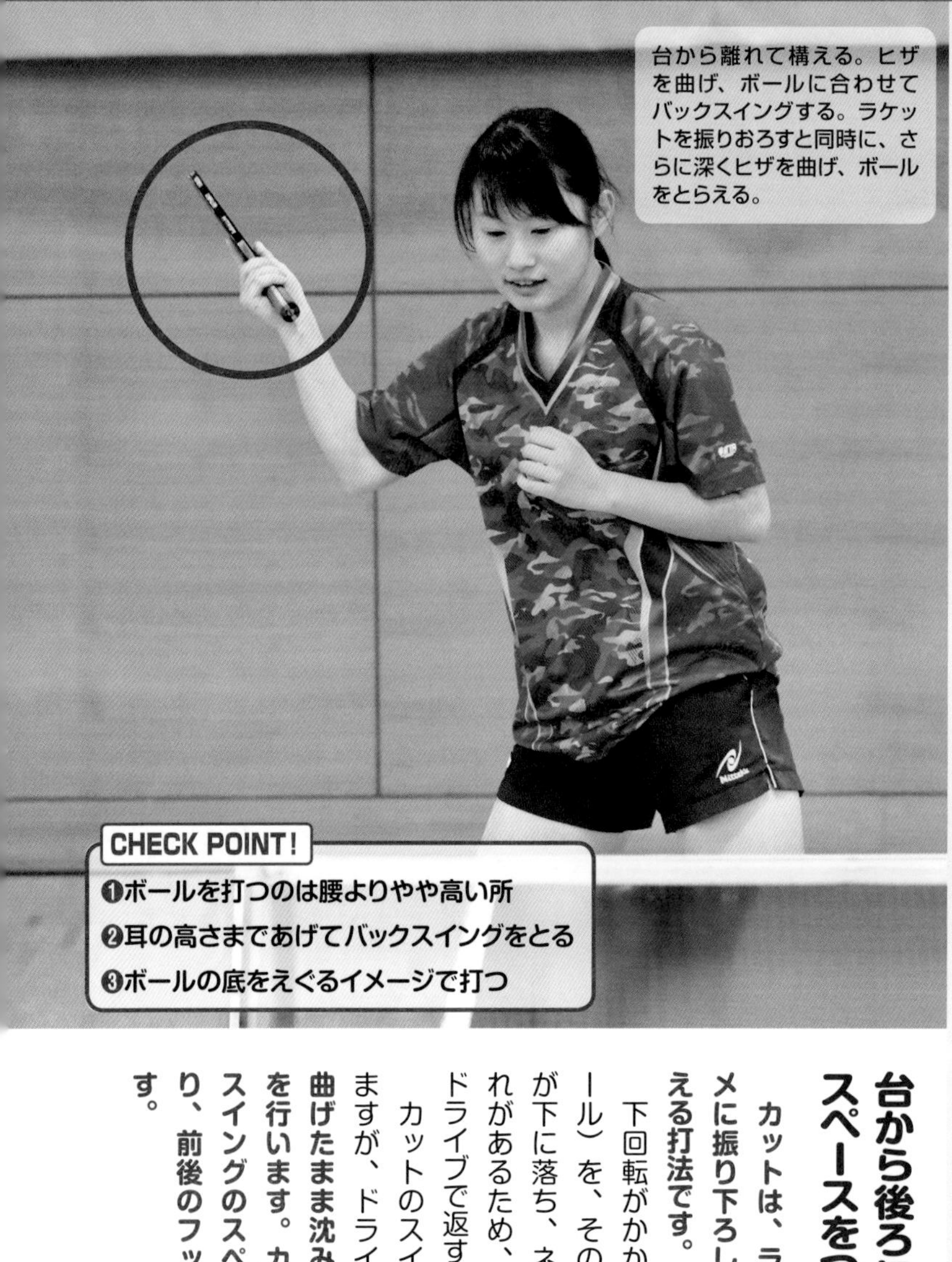

台から離れて構える。ヒザを曲げ、ボールに合わせてバックスイングする。ラケットを振りおろすと同時に、さらに深くヒザを曲げ、ボールをとらえる。

**CHECK POINT!**

❶ボールを打つのは腰よりやや高い所
❷耳の高さまであげてバックスイングをとる
❸ボールの底をえぐるイメージで打つ

## 台から後ろに離れてスイングのスペースをつくる

カットは、ラケットを上から下にナナメに振り下ろして、ボールに下回転を与える打法です。

下回転がかかったボール（カットのボール）を、そのまま打ち返すと、ボールが下に落ち、ネットにかかってしまう恐れがあるため、同様にカットで返すか、ドライブで返すのがベストでしょう。

カットのスイングも、体の回転を使いますが、ドライブなどと違い、**両ヒザは曲げたまま沈み込むようにして体重移動を行います。カットでは、台から離れ、スイングのスペースを確保する必要があり、前後のフットワークが重要になります。**

## コツ① ボールを打つのは腰よりやや高い所

下回転がかかったボールは、高い位置で切ると、飛びすぎて、相手コートを超えてしまう。落ちてくるボールに合わせて深くヒザを曲げ、腰よりやや上の高さでボールを切るようにスイングする。ボールから目を離さないこと。

## コツ② 耳の高さまであげてバックスイングをとる

カットはラケットを上から下に斜めに振りおろし、ボールに下回転をかける打法。バックスングは耳の高さまであげ、打球点を頂点～頂点よりやや落ちた地点にとる。カットのバリエーションとして横回転のカットも打てると良い。

## コツ③ ボールの底をえぐるイメージで打つ

ラケットの角度とスイングの軌道がポイント。ラケットの表がナナメ上を向くように角度をつけ、肩の高さまでバックスイングする。腰を回転させながら、ボールの底をえぐるように利き腕側のヒザまで振り切る。

クローズアップ
別方向からCHECK

### カットを打つときの注意点

フォアハンドのカットは、打球時にヒジが開いて面が上を向き過ぎないよう注意。バックハンドのカットは、写真のようにスイング時の反動で上体が反ってしまわないようにする。ツブ高ラバーで打つときは、インパクトで力が入り過ぎない。

# POINT +α 姿勢とグリップ、ラバーをチェックしよう

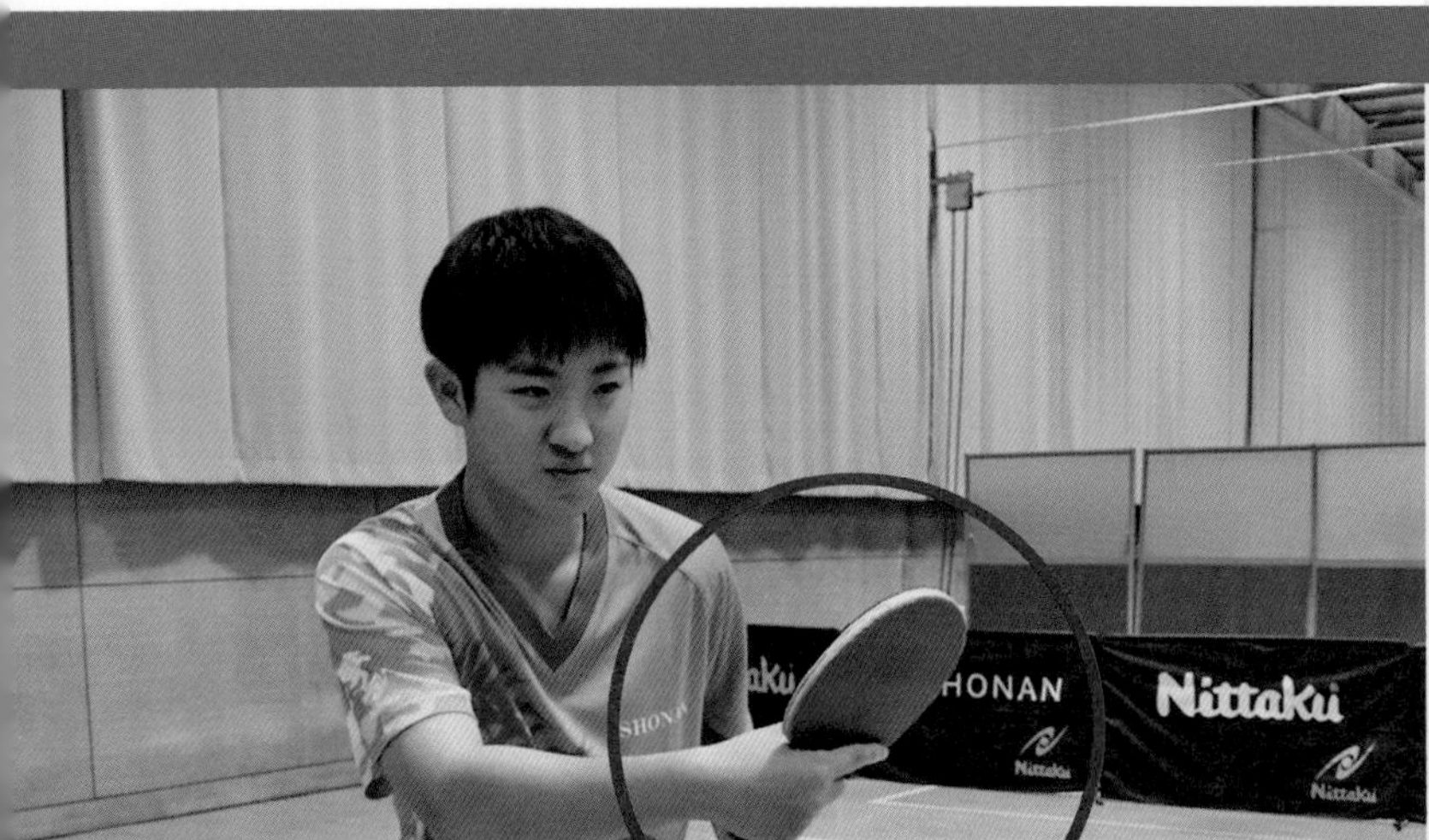

初級者に多い特徴
・ラケットの打球面をボールに直線的に当てにいく
・手首が固くなる。肩に力が入る。体全体が力む
・ラケットを振るスペースが作れない

## 初心者が陥りがちなミスを改善する方法

初心者に対する指導では、無駄な動きや無駄な力を極力排除することが大切です。すなわち、自分の持っている体のポテンシャルを充分に使うことと、使用する道具の特性を理解し道具（ラケットとラバー）の持つポテンシャルを最大限に利用することが大切です。また、指導する選手の体格や筋力、使用している道具によって、人によって基本のスイングも違うものになることも注意が必要です。

初心者に無駄な動きや無駄な力が生じる原因としては、まず**「基本姿勢が悪い」**ことがあげられます。P.17で解説したように前傾姿勢ではなく前屈してしまう、棒立ちになってしまう、という2つのパターンがあります。そのために不自然な動きや力み、

手打ちとなってしまいます。

次に**「グリップが悪い」**ことが多いです。初心者ほどグリッププレッシャーが強い傾向があります。そのため、打つ以前に指先から肩・肘まで力みが生じ、自由に手や身体が動かない例を良く見ます。また、極端に深い、浅い、指が伸びているなどのいわゆるクセのあるグリップは、初心者の上達の妨げになります。

さらに**「自分が使用しているラケットとラバーの特性、性能を理解していない」**選手も多いです。ラケット・ラバーが選手の体格や、目指している戦型に合っていないため上達の妨げになっていることを多く見かけます。

「ラケットに当てたい、入れたい、ミスしたくない」という思いが、ボールに直線的にぶつけることになる。

選手に合っていないラケット・ラバーでは、技術の向上に余計な時間を要してしまいます。ツブ高ラバーであれば、どういうボールが出せるか、どういうミスが出やすいか、粒をどう使うかを理解していなければ、上達はできません。

実際にボールを打つ前に上記の3点をチェックしてください。上達の妨げとなる無駄な動き、力み、独特のクセが生まれやすい原因を排除しておく必要があります。

左肩が開き、打球点が体の横になってしまうミスも初心者には多い。

## コラム② 卓球台とボール

卓球で必ず使用する卓球台のラインの名称やボールについてを知り、より理解を深めましょう。

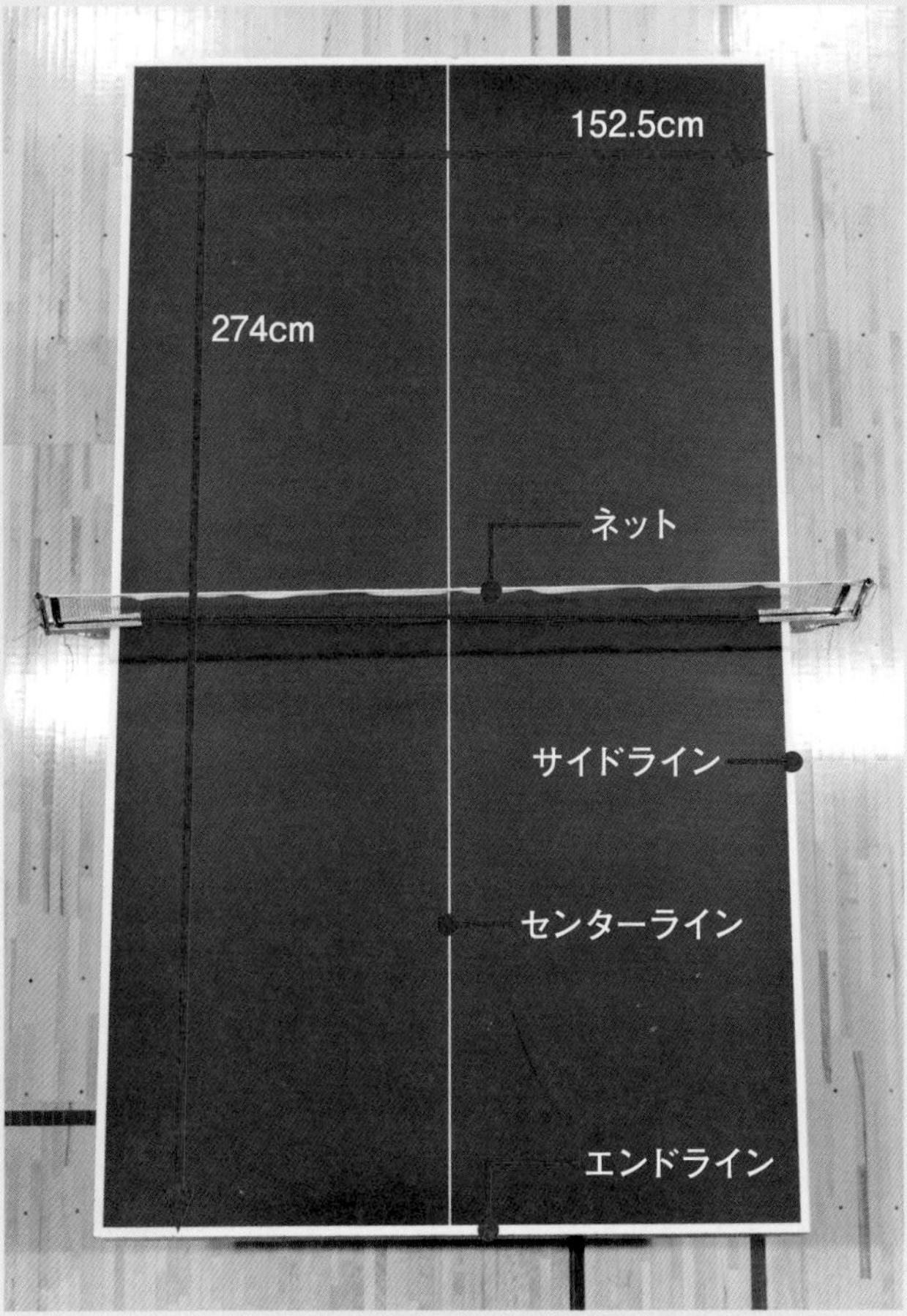


**（卓球台）**

卓球台の高さは76cm、幅は152.5cm、長さは274cmです。ネットの高さは、15.25cm。コートを半分わけるように、センターラインが引かれており、ダブルスのサービスの際に使われます。テーブルの表面は光沢のない濃い色との規定があり、卓球ボールを30cmの高さから落下させた場合に、約23cmの均一のバウンドであることが決まっています。

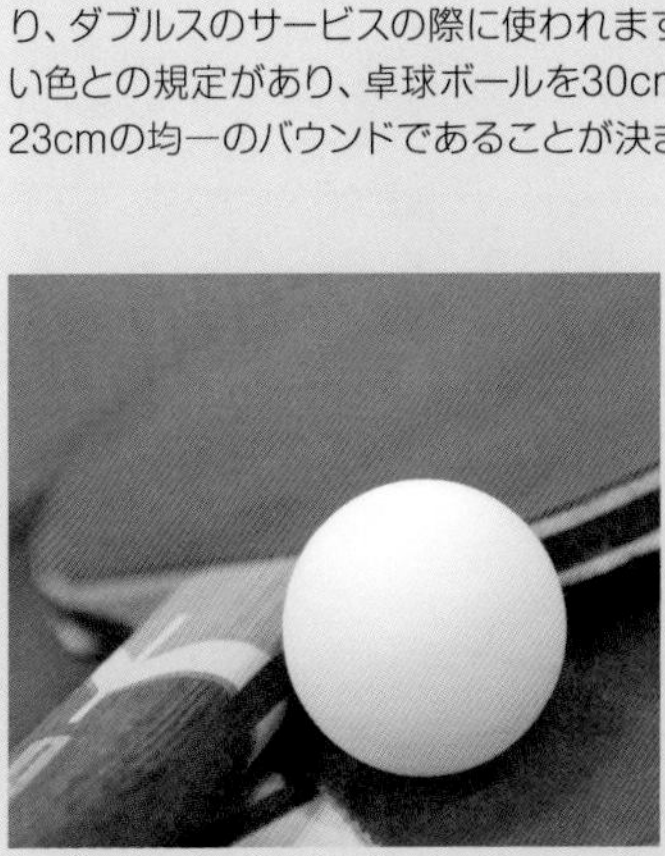

**（ボール）**

卓球のボールの大きさは、直径が40mm、重さは2.7gで、プラスティックでできています。ボールの色は、一般的に白とオレンジがありますが、公式大会では白色のボールを使用する場合がほとんどです。

# Part 3

# 試合に勝つためには「サービス」習得が最重要課題

POINT 12

# 正しい構えとグリップの柔らかさが大切

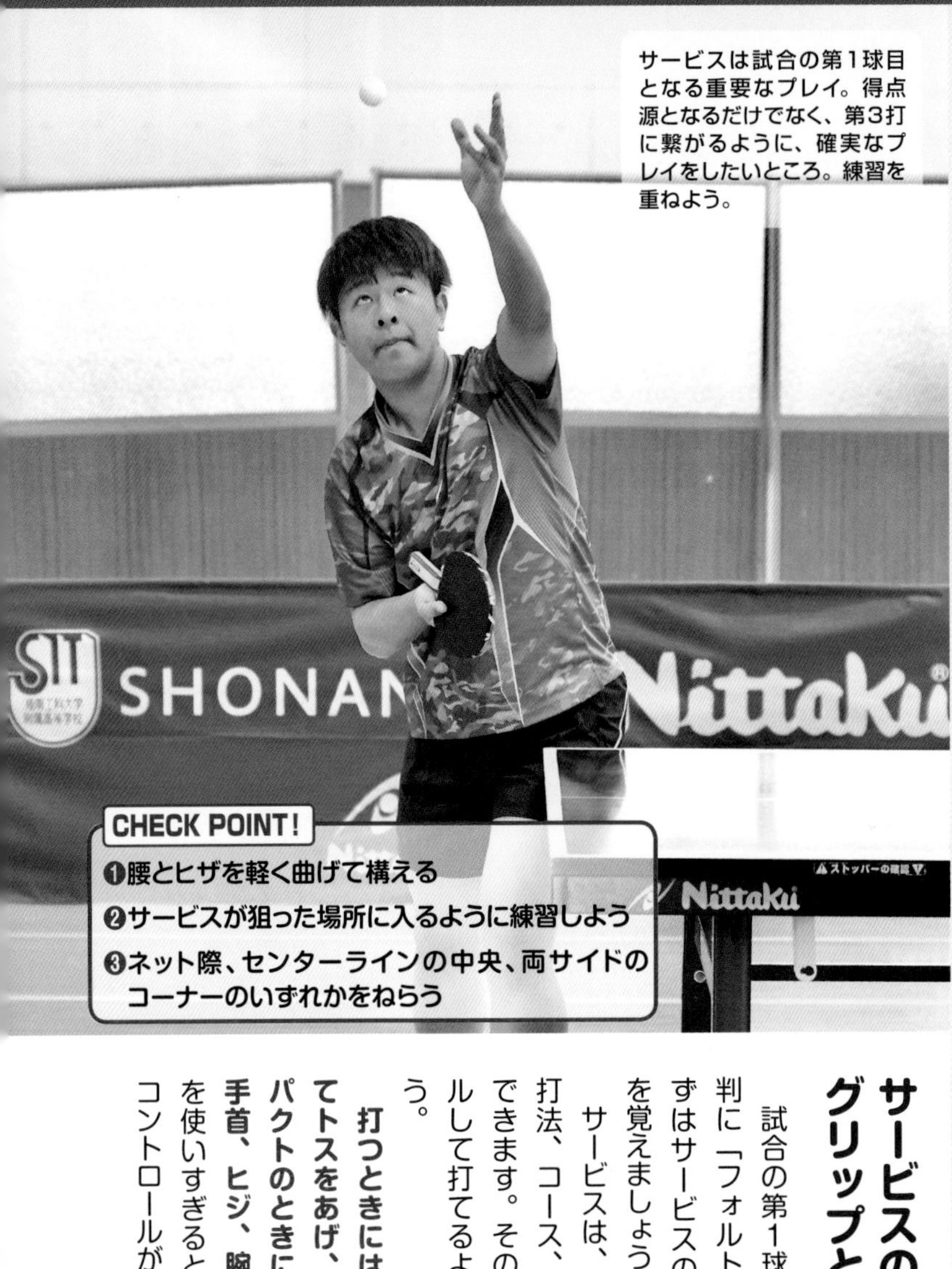


サービスは試合の第1球目となる重要なプレイ。得点源となるだけでなく、第3打に繋がるように、確実なプレイをしたいところ。練習を重ねよう。

**CHECK POINT!**

❶腰とヒザを軽く曲げて構える
❷サービスが狙った場所に入るように練習しよう
❸ネット際、センターラインの中央、両サイドのコーナーのいずれかをねらう

## サービスの基本の構えはグリップと、肩の柔らかさ

試合の第1球目となるサービスから審判に「フォルト」をとられないよう、まずはサービスの基本ルール（P60参照）を覚えましょう。

サービスは、卓球の試合のなかで唯一、打法、コース、回転を自分の思い通りにできます。そのため、自分でコントロールして打てるように毎日練習をしましょう。

**打つときには、腰とヒザの屈伸を使ってトスをあげ、バックスイングからインパクトのときにも腰を回転させ、さらに手首、ヒジ、腕を使って打ちます。**手首を使いすぎると、コースや打球の強弱のコントロールが難しくなります。

## コツ① 腰とヒザを曲げ 利き手と反対の足を出す

フォアハンドサービスの基本の構え方は、左足を半歩前に出し、腰を引き、ヒザも曲げる。初心者は、エンドラインのやや後ろにボールをセットしてからトスを行うといいだろう。トスを真上にあげやすく、また卓球台からトスハンドをさげてしまうミスも減る。

## コツ② サービスの重要性を理解し 毎日必ず練習すること

サービスを自分の思うように打てるようになると、試合での大きな武器になる。サービスは、毎日欠かさず練習するのが大切だ。練習では毎回、「今日はコースをねらう」「回転をかける」といったふうに、自分で目標を立てて取り組むようにしよう。

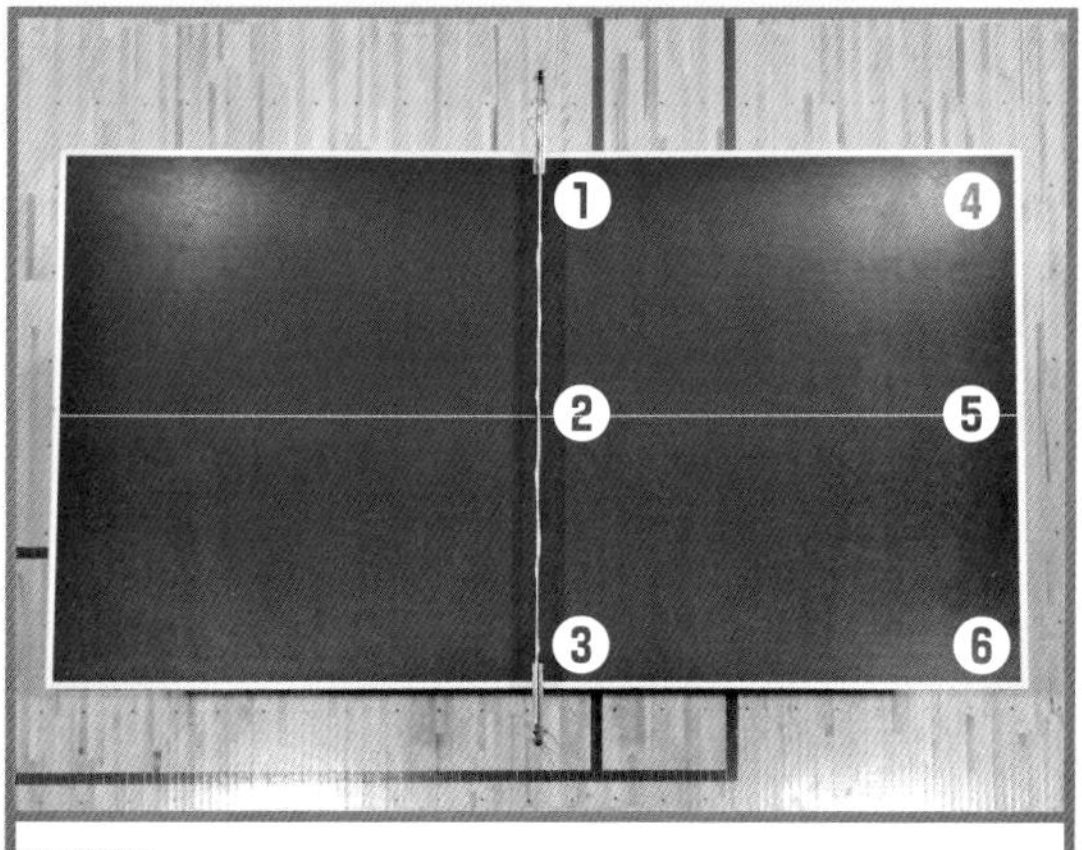


## コツ③ ねらう位置は6カ所

サービスは、相手にリターンを強打されないことと、第3球目の攻撃を自分がしやすいようにする目的もある。それを踏まえて、しっかりねらったところに出せるようにしよう。最低、上の写真の6カ所はねらえるようにしたい。

### ひとことアドバイス

## 台からの距離と足の位置に注意

初心者はサーブのときに台から離れてしまう傾向がある。また足が平行になってしまい、打球点を体の正面にとれないため、威力あるボールが安定的に打てない。

POINT 13

フォアハンドサービス

# 親指と人差し指でラケットを持つ

腰を回転させてバックスイングし、ボールにしっかり回転をかけて打つ。打った後は、コンパクトに振り抜き、すばやく元の姿勢に戻る。

**CHECK POINT!**

❶サービスを打つときは、ラケットの持ち方（グリップ）を変える
❷ボールの当てる場所を変えて打つと、サービスに変化がつく
❸コースや高さがねらえるように、練習方法も工夫する

## ラケットの持ち方を変えてサービス

フォアハンドのサービスは、サービスの主流。ねらった場所に打てるように練習をしましょう。

**サービスのポイントは、ラケットの持ち方を変えること。親指と人差し指で持ち、ほかの指はラケットを支えるように自然に置きます。**腰を回しヒジを引いてバックスイングし、目標位置にボールを運ぶようなイメージでラケットを振りぬいてすばやく基本姿勢に戻ります。

基本姿勢で打つ方法を習得したら、次は、ボールがネットを超えるときの高さや、第2バウンドを相手コートのどの位置に落とすかなど、コースやスピード、回転などを考えながら練習します。

## コツ① ラケット面を2本の指ではさむ

ラケットはシェイクハンドもペンホルダーも自分が握りやすい方法で構わないが、どちらもラケット面を親指と人差し指で操作できるように持ち、ほかの指はグリップへ自然に置く。サービスが打ち終わったら、すばやく基本の持ち方に戻すこと。

## コツ② ボールを当てる場所で変化をつける

インパクトのとき、ラケットをボールのどこに当てるかで球が変化する。ボールの下側なら下回転、横側なら横回転、ナナメ側ならナナメ回転になる。自分の打ったボールの回転を知るには、床に向けて打ち、バウンドする方向を見て確認する。

### ココに注意！

### インパクト時はラケットをたてない

インパクトのとき、ラケット面が卓球台に垂直になるように立ててしまうと、回転量が減り、バウンドも高くなり、相手がレシーブしやすい。コースばかり意識するとラケットが立ちやすいので注意。自分のコートの着地点をコントロールできるよう練習する。

## コツ③ 小道具を使ってコースをねらう練習

相手コートに紙皿などの目標物を置き、そこで第2バウンドをするようにねらって打つ。ネットを超すときの高さを練習するときには、500ccのペットボトルがいいだろう。ネット際にペットボトルを置き、その先端にボールが当たるように練習する。

POINT 14

フォアハンドサービス「下回転」

# ラケット面を寝かせボールの下をこする

大きくバックスイングし、インパクト時にラケット面を床と平行にする。ボールの下をこするように打つ。

**CHECK POINT!**

❶インパクト時は、ラケット面は寝かせるように傾ける

❷ラケット面で、ボールの下をこするようなイメージで打つ

❸下回転サービスは、3球目攻撃のためのサービスだ

## インパクト時には ラケット面を寝かせる

下回転のサービスは、相手コートでバウンドすると止まるように飛ぶ球種です。そのため、相手が強いリターンを打ちづらくなります。自分が次に攻撃したいときに有効な打法です。

**下回転サービスのポイントは、低い位置でインパクトすること。ボールの下をこするように打つイメージを持ちます。ネットすれすれのコースをねらい、相手コートの浅いところで第2バウンドさせます。**インパクトではラバーでしっかりボールに摩擦させることで、強い回転がボールにかけられます。

水面に石を投げる「水切り」という遊びがありますが、あのようにボールが低いところをスーッと飛んでいくイメージで打つと感覚をつかみやすいでしょう。

## コツ① インパクト時にはラケット面を水平に

バックスイングは大きくして、インパクトの直前に、ヒジから手首を使ってラケット面の向きを変えていく。ラケット面は、ボールの打ちはじめは卓球台に対して30度程度。打ち終わったら、卓球台と平行になっているように動かすのがベストだ。

## コツ② ボールの下をこするイメージで打つ

左写真はラケットにボールが当たる位置をテニスボールを使って示したもの。ラケットを寝かせ、ボールの下をこするように打つ。スイング時からラケット面を寝かせるように動かすのがポイント。インパクトは低い位置を意識しよう。

## コツ③ 強いリターンを防ぎ3球目で攻撃する

下回転サービスは、第2バウンドが止まるようなバウンドになり、相手のレシーブのタイミングをずらし、甘いレシーブにするのがねらいだ。この弱いリターンを、3球目で自分の思い通りに打つための戦略として、下回転などのショートサービスを使う。

### ひとことアドバイス

### ナックルサーブを織り交ぜて三球目で優位に立つ

下回転サーブと同じようなフォームからインパクトでラケットを立て、回転をかけないナックルサーブが出せると相手レシーブが甘くなる。三球目攻撃のバリエーションのためにもマスターしておく。

POINT 15

# ボールの側面を左右にこすって打つ

ラケットハンドを引いてバックスイングする。インパクト時には、ヒジをから先を使って、ボールの横をこすって打つ。

**CHECK POINT!**

❶ボールの横をラケット面でこするようなイメージで打つ
❷インパクト時には、ラケットの頭は下になるように
❸逆横回転サービスは向こう側の面を右から左にこする

## 側面を右から左に ボールをこする

横回転のサービスは、相手コートでバウンドしたときに右または左方向へとコースが変化します。

また下回転との見分けが難しく、相手が予測しにくくてリターンが打ちづらくなります。

**ポイントは、インパクト時に、ラケットの先端が下になるように手首をひねり、体の正面で、落ちてくるボールの側面を右から左へこするように、すばやくヒジを引きながら打つこと。**

逆横回転サービスも、ラケットの先端をさげて手首をひねり、ボールの外側を右から左へとこすり、ボールを包むように打ちます。右回転・左回転の両横回転をマスターしましょう。

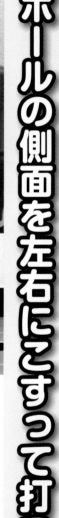

## コツ① 腕を動かしボールの横をこする

インパクト時は、手首を動かして打とうとせずに、ヒジごと動かしてボールの横をこするように打つのがコツ。手首で打とうとすると、ボールにラケットをぶつけるようになってしまい、回転がかからず、余分な力が加わり、ミスが多くなってしまう。

## コツ② ラケットが垂直になるよう下を向ける

ラケットでボールの横をこすり、回転をかける。ヒジごと自分の体へラケットを引き寄せるときにインパクトする。

インパクト時には、ラケットの先端が右下に向くように手首を使って動かすと、横回転がかけやすい。

## コツ③ ボールを抱えるように側面をこする

逆横回転サービスは、ヨーロッパから入ってきた新しいサービス打法。横回転と同様にスイングし、ボールの向こう側を打つ。インパクト時にボールを抱えるように腕と手首をすばやく動かす。ボールの横をこするように打って、横回転とは逆方向の回転をかけるやや複雑で出すのが難しいサービスだ。

### ひとことアドバイス

## ヒジから先を振り子のように動かす

横回転サービスのときは、ラケットを振り子のように動かすのがポイント。ヒジを軸に腕を動かしてラケットを振る。右腰近くでボールをとらえ、腰を使ってインパクト。

POINT 16

# ボールをナナメに切る

フォアハンドサービス「ナナメ回転」

あえて、バックスイングや構えは、横回転と同様にする。インパクト時は、ラケットの先端にボールが当たるよう、手首で調整する。

**CHECK POINT!**

❶ナナメ回転サービスは、ボールをナナメに切るように打つ

❷スイングは、なるべく横回転と同じにする

❸ボールをナナメ上へ切るように打つ横上回転も覚えよう

## ナナメに切り 横＋下回転をかける

「ナナメ」とは横回転＋下回転のことで、「横下回転」ともいいます。反対に、横回転＋上回転を「横上回転」といいます。

**打ち方は、トスをあげてバックスイングをするところまでは横回転と同じで、インパクト時にラケット面の傾きや当たるところをかえて打ちます。**

**ナナメ回転なら、振り子のような動きでラケットを振りおろす途中でインパクトします。**

このサービスでは、横回転と同じ動きをして相手を惑わせます。スピードのあるロングサービスを出しやすいという利点もあるので、身につけておくと良いでしょう。

## コツ① ラケットを ナナメ下に切る

ボールの横から下へとナナメに切るようなイメージでインパクトしよう。腕を振りおろす力を利用し、ボールがラケットの先端に当たり中央で離れるようにすること。ナナメ回転のサービスは、第2バウンドで右下方向へと、ボールの跳ねるコースが変化する。

## コツ② モーションは 「横回転と同じ」

ナナメ回転を打つときには、横回転と同じ動きでスイングしよう。そして、インパクトの瞬間だけラケット面を変化させる。相手はスイングを見てボールの回転を予測し、レシーブに備えるので、スイングで相手を惑わすのも戦術のひとつだ。

## コツ③ 横上回転はナナメ上へ切る

横下回転と逆の回転をかける横上回転は、振り子のように振った腕が底辺からあがってくるときに、ボールの横から上へとナナメに切る。横回転、ナナメ回転、逆ナナメ回転はスイングが同じに見えるので、サービス打法に幅ができる。

## ひとこと アドバイス

### 上を目指すためには 身につけたいサービス

ナナメ回転サービスは上級者レベルの試合で多く使われる打法だ。大会で上位を目指すなら、練習を増やして、相手のミドルやバックハンド側など、打つコースもねらえるようになろう。

POINT 17

# ボールの上側をすべらすように打つ

第1バウンドを手前に落とす。小さくバックスイングし、低い位置でボールをとらえる。インパクト時には、ボールの上をすべらすように打つ。

**CHECK POINT!**

❶インパクト時に、ボールの上をすべらすように打つ
❷低い位置でボールをとらえ、スイングは小さめにする
❸スピードの速いボールを打ち、相手を左右に大きく動かす

## コンパクトにスイングし ボールの上を打つ

ロングサービス（上回転サービス）は、下回転や横回転サービスとはちがい、第1バウンドは手前で、第2バウンドは相手コートの深い位置でバウンドさせます。

**打つときのポイントは、バックスイングは小さく、腕をすばやく動かして低い位置でインパクトすること。インパクトのとき、ラケットをボールの上側をすべらすように打つと、上回転がかかります。**

試合では、相手の強いリターンを恐れてショートサービスが多用されますが、特に台上レシーブがうまい選手には、ロングサービスを織り交ぜることも重要。横回転やナナメ回転、伸びるロングサーブを身につけましょう。

## コツ❶ 上回転でさらに有利に

上回転ロングサービスは、第2バウンドで伸びるように跳ねるため、よりリターンしづらくなる。インパクトのときに、ラケット面はボールにかぶせる角度で、前へ押し出すようにラケットをすばやく動かす。

## コツ❷ インパクトは低い位置で速く

小さめのスイングでインパクトの速度を増し、ボールを低い位置で打つ。手前で第1バウンド、相手コートの深いところで第2バウンドをさせるようにねらうこと。高いコースで飛ぶと、相手も反応しやすくなり、リターンで強打されてしまう。

## コツ❸ スピードあるボールを打つ

上半身を腰からまわし、バックスイングは小さく、腰とヒザ、腕をつかってラケットをすばやく振り、強くインパクトすると、スピードの速いサービスになる。また相手の位置を見て、大きく動かないとレシーブができないような場所をねらうのもポイント。

### ひとことアドバイス

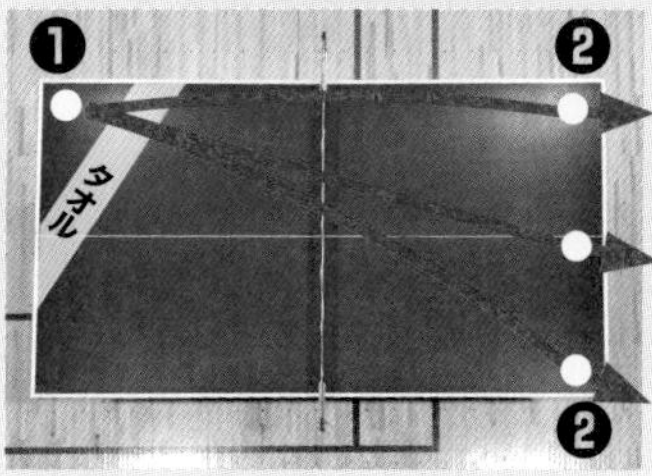


### 第1バウンドの位置を意識するためタオルを置く

ショートサービスは第1バウンドをコート中央あたりに落とすが、ロングでは台のエンドラインあたり落とすのがベスト。コート中央より前側にタオルなどを置き、その手前で第1バウンドができるように練習するとよい。

POINT 18

巻き込みサービスとYGサービス

# ラケットの握りを変えて外側を切る

巻き込みサービスとYGサービス、どちらもボールの外側をヒットして横回転をかける。

**CHECK POINT!**

❶大きく捻って腰の前でインパクトする
❷ヒジを高く上げて体の前でインパクト
❸グリップの握り方を工夫して回転をかける

## 相手の強いレシーブを封じてミスを誘う

シェイクハンドでのレシーブを考えたとき、フォア前のサービス処理にやや難があり、強いレシーブが返しにくい傾向にあります。

このエリアを攻めていくサービスとして有効なのが「巻き込みサービス」と「YGサービス」で、トップ選手たちによって使われるようになり、今では必須のサービステクニックとなりつつあります。

**サービスを巧みに使い分けることによって、相手レシーブのチキータなどの強打を封じ、他のサービスと惑わせてレシーブミスを誘うことができます。**

グリップの握り方を変えて、ラケットを操作しやすくすることでボールに「横回転」と「ナナメ下回転」「上横回転」をかけていきます。

## コツ① 大きく捻って腰の前でインパクトする

巻き込みサービスは、ラケットを持つ手側の腰より後ろに、大きく捻ってバックスイングをとる。インパクトは利き腕側の腰の前でボールの外側を巻き込むように。このときボールを包み込むようなイメージを持つと良いだろう。

## コツ② ヒジを高く上げて体の前でインパクト

YGサービスは、「Y＝ヤング」「G＝ジェネレーション」の略。ヒジを高く上げて体の正面で打球することがポイント。ボールの外側を摩擦させることによって、強い回転をかける。難易度が高いテクニックだが練習を重ねてマスターしたい。

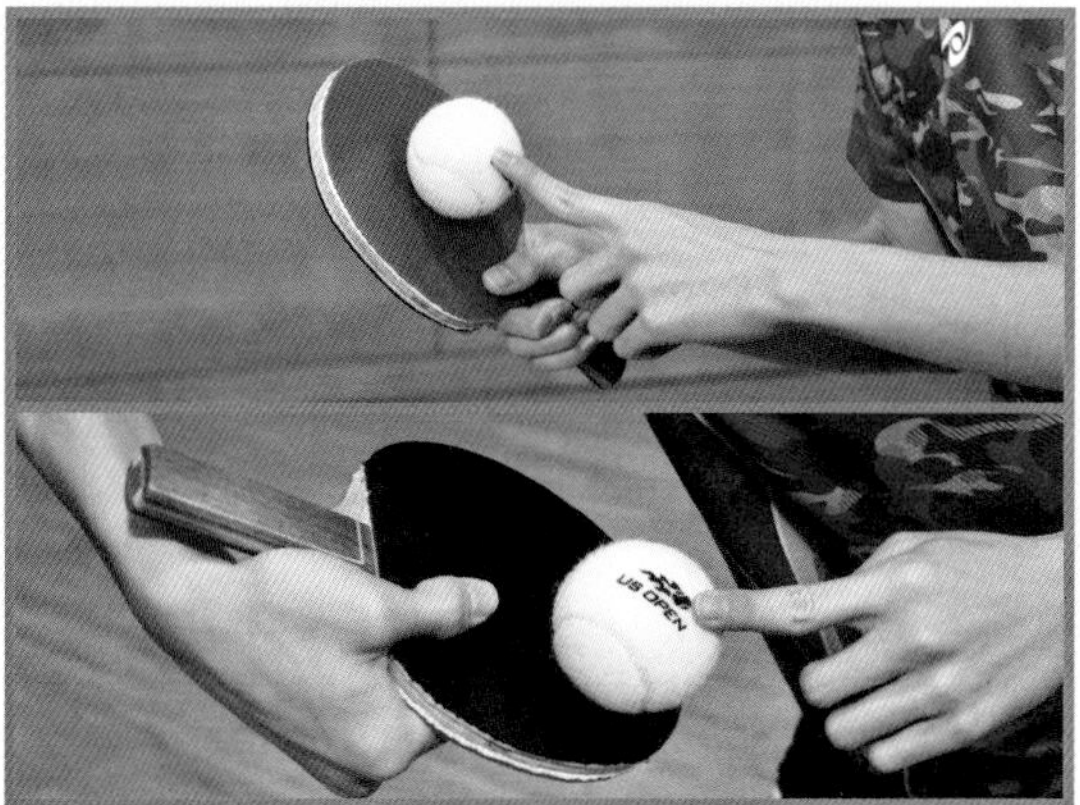


## コツ③ グリップの握り方を工夫して回転をかける

どちらのサービスもグリップの握り方を変えることで打てるようになる。持つ位置と親指の曲げ方を工夫して、スナップがうまく使えるように工夫しよう。スタンスは利き腕側の足を斜め後ろに引いて、インパクトするエリアを広くとることが基本となる。

### ひとことアドバイス

### バックハンド側のロングサービスを織り交ぜる

「右利き」対「右利き」の対戦では、サービスがレシーバーのフォアハンド側に曲がっていくため、バックハンドのチキータが使いにくい。相手の裏をついて、バックハンドに深いロングサービスを打つことができれば効果的だ。

POINT 19

# 利き腕側の足を軸にして打つ

利き腕側の足を半歩前に出し、トスをあげる。フリーハンドをしっかりと引き、腰を回転させてバックスイング。体重を前足に移動して打つ。

**CHECK POINT !**

❶利き腕側の足を半歩前に出し、重心もその足にのせるように打つ

❷フリーハンドの手は、腰を使って肩からしっかり引く

❸バックスイングを耳の高さまで引く

## 利き腕側の足を半歩前へ出す

バックハンドサービスを覚えると、サービスのバリエーションも広がり、戦術が広がります。

まずは基本の打ち方から覚えましょう。フォアハンドサービスと逆で足は利き腕側を前にして、肩幅より少し広めに開きます。

腰をかがめ、トスをあげたらフリーハンドをしっかり引きます。腰から上半身を回してバックスイングし、体重を利き腕側の足へと移動させ、インパクトするときも腰を使って体を回転させて腕を振ります。

基本をしっかり練習し、習得してから、ボールに回転をかけるバックハンドサービスを覚えると上達への近道です。

## コツ① 利き腕側の足に重心をかける

フォアハンドと足の位置が違うので、重心の移動に注意。利き腕と同じ方の足を前に、反対側は少し後ろに引き、肩幅より少し広めに立つ。トスをあげるときは両足にバランスよく重心をかけ、トスをあげて左腰をしっかりひねる。

## コツ② フリーハンドの腕はしっかり引く

トスをあげた後、フリーハンドを後ろへしっかり引く。この腕を振り子のように動かして肩から後ろへ引くと、よりスムーズに上半身が回転するのだ。それにより、体の動きでボールの威力を増すこともできる。

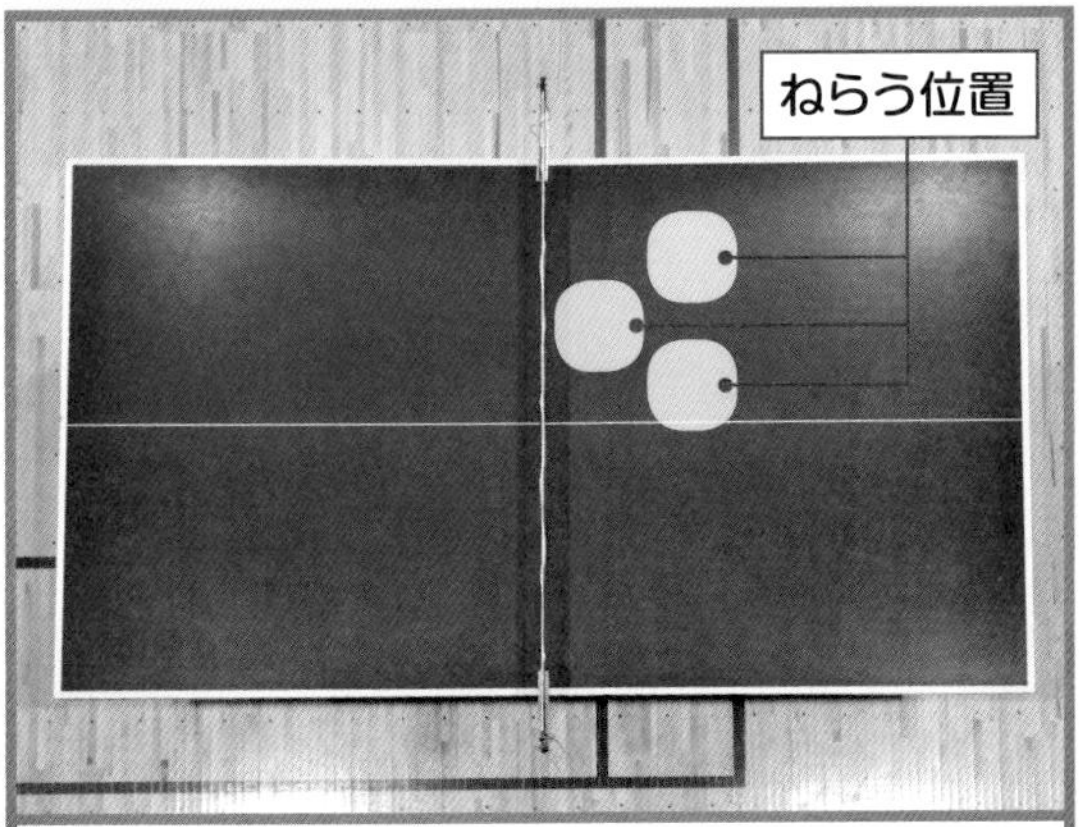


## コツ③ 相手にフォア面でレシーブさせる

バックハンドのショートサービスは、相手コートの3カ所を狙うのが基本。フォアハンドのレシーブで難しいのが、センターラインの中央からネット側。レシーブミスや凡打になりやすい。また自分のバック側にやさしいリターンがくる確率が高くなる。

### ココに注意！

## 腕を振らずに手首だけを使って打たない

バックハンドの難しいところは、腰から体をまわし、上半身を使って腕を振りインパクトすること。初心者は写真のように、腕が振れずに手首を使ってインパクトしてしまいがちだ。腰とヒジをしっかり使って打てるように練習しよう。また逆足にも注意しよう。

POINT 20

バックハンドサービス「下回転」

# ボールの底をこするように打つ

腰を使い、上半身を回転させて、大きくスイングする。特にバックスイングは耳あたりまで振りあげ、ボールの底を打つように、勢いよく振りおろす。

**CHECK POINT!**

❶ボールの底をこするように、ラケット面を寝かせてインパクトする
❷バックスイングは大きく、耳のあたりまで振りあげる
❸フリーハンドも大きく動かし、体の前でボールを打つスペースを広くあける

## ラケット面を寝かせて ボールの底を打つ

バックの下回転は、バックスイングを大きく振るのがポイント。**腰を使って上半身を回すとともに、腕も大きく振りあげ、ラケットが耳の位置までくるほど高く振ります。インパクトの瞬間は、ボールの底をラケット面でこするように打ちます。**

そのあとヒジを前へつきだすように動かし、腕は平行に動かして、ラケットを振りぬきます。

スイングのときにはフリーハンドも肩から大きく動かします。

相手コートの中央よりネット寄りに、さらにセンターラインからフォアハンド側をねらうように意識しましょう。

## コツ① ラケット面は寝かせて打つ

ボールの下を打つだけだと、回転がかからず、ボールが高く浮いてしまい、相手がリターンを強打しやすくなってしまう。そのため、インパクト時は、ラケット面を卓球台と平行になるくらいまで寝かせて、ボールの底をこするように打つのがポイント。

## コツ② バックスイングは大きく振りあげる

バックスイングは上半身を使って大きく動かす。ラケットハンドは、ラケットが耳へ届くぐらい高く振りあげること。腕を振る際は、ヒジから腕を前へ振りぬく。ヒジが動かないと、バックスイングが小さくなり、下回転がかからなくなるので注意。

## コツ③ フリーハンドも大きく動かす

スイングのときには、フリーハンドも大きく動かすこと。バックスイングのときには、ワキの下を軽く開け、肩から大きく後ろへ引く。上半身が動きすぎないように、肩甲骨を背骨へ寄せるように動かす。フリーハンドの動きが小さいとラケットの動きも小さくなってしまうので、気をつけよう。

### ひとことアドバイス

## 体を45度ナナメに構える

打つときには、エンドラインに対して45度くらい体がナナメになるよう、利き腕と反対側の足を引いて構えるのがポイント。そうすると、ボールが飛ぶコースをねらいやすくなる。

バックハンドサービス「横回転」

POINT 21

# ヒジを引き、ボールの横をこする

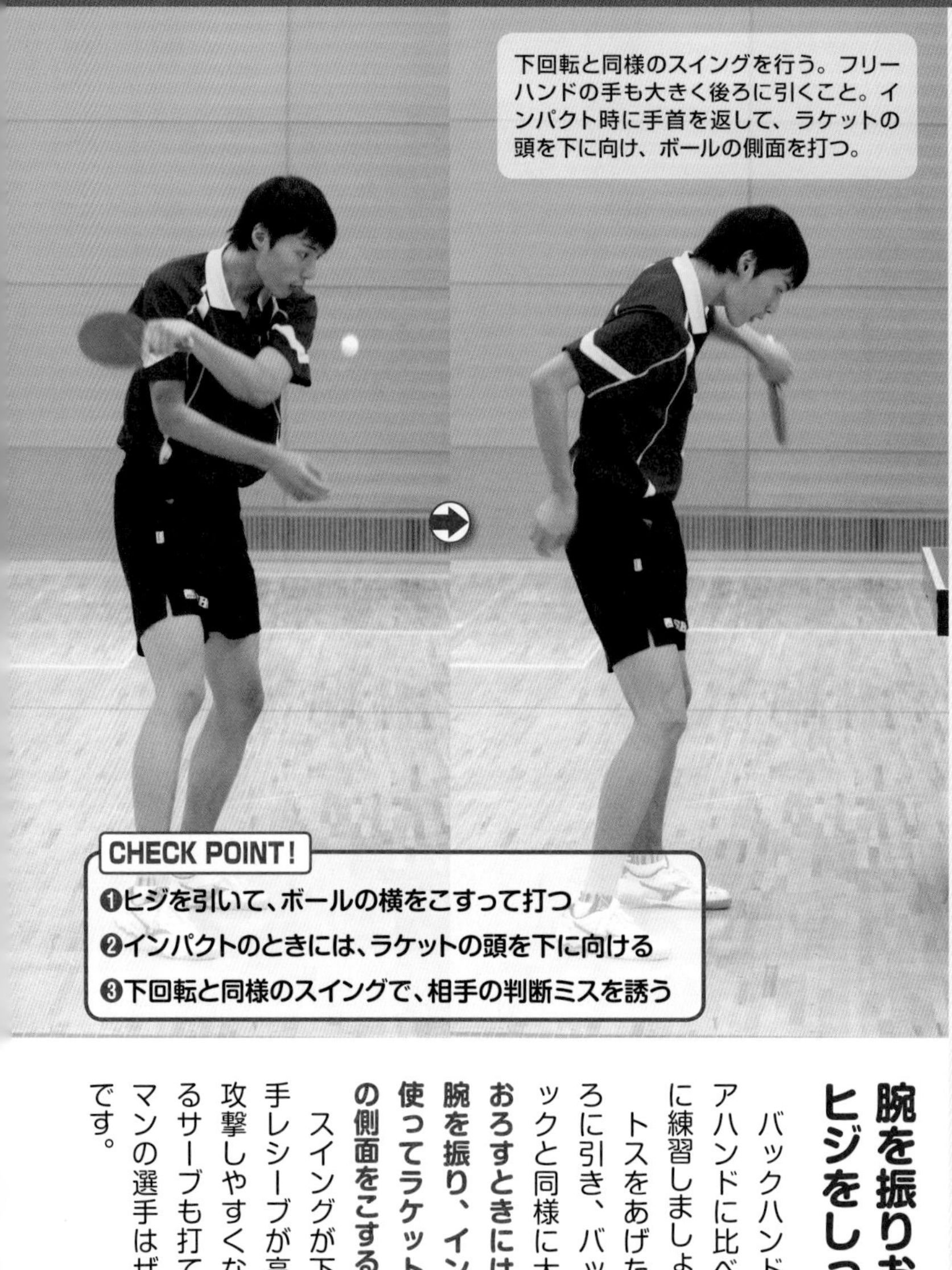

下回転と同様のスイングを行う。フリーハンドの手も大きく後ろに引くこと。インパクト時に手首を返して、ラケットの頭を下に向け、ボールの側面を打つ。

CHECK POINT！

❶ヒジを引いて、ボールの横をこすって打つ
❷インパクトのときには、ラケットの頭を下に向ける
❸下回転と同様のスイングで、相手の判断ミスを誘う

## 腕を振りおろすとき ヒジをしっかり引く

バックハンドの横回転サービスはフォアハンドに比べると難易度は高め。十分に練習しましょう。

トスをあげたらフリーハンドの手は後ろに引き、バックスイングは下回転のバックと同様に大きく行います。**腕を振りおろすときには、ヒジを引いてその力で腕を振り、インパクトの瞬間には手首を使ってラケットの頭を下へ向け、ボールの側面をこするようにして打ちます。**

スイングが下回転と似ているため、相手レシーブが高くなりやすく、3球目が攻撃しやすくなります。横上回転の伸びるサーブも打てると試合で有効。カットマンの選手はぜひ身につけたいサービスです。

POINT +α

# ナナメ下に向かってラケットを切る

**CHECK POINT!**

❶ナナメ回転では、ナナメ下にラケットを振る

❷逆ナナメ回転は、ナナメ上にラケットを振る

## ナナメにラケットを切り左＋横の回転をかける

難易度が高いバックハンドのナナメ回転サービスが、自分の思うコースにサービスを打てるようになれば、強力な武器になります。

**利き腕が右手の人の場合、ナナメ回転は左回転＋下回転になるので、バウンドしたときにボールが左下へと飛びます。逆ナナメ回転ならば、バウンドするとボールに左回転＋上回転となり、左上へと飛びます。フォアハンドの場合と左右が逆の回転が加わります。**

スイングやラケットの動かし方は、横回転とほとんど変わりません。インパクト時のタイミングのちがいで回転の向きをかえます。横回転のモーションと同じように打てるように練習します。

# POINT 22 摩擦の力を利用してサービスの回転量をアップ

台の近いところで打球し、できるだけバウンドを低くすることで相手にレシーブを強打させない。

**CHECK POINT!**

❶腰を後ろに捻ってスイングスピードを上げる
❷背中が見えるよう半身に構える
❸摩擦の力を利用してサービスの回転量を上げる

## 効果的なサーブが打てるよう課題をクリアしていく

「どうすればサービスが切れるようになりますか?」という質問をよくされます。ラケットを握って間もない部員は、**ラバーとボールとの摩擦を上手に使えず、効果的で回転の多いサービスが打てないようです。**

特にインパクトは、ラケットが立ってしまいボールにぶつけてしまうミスがあり、サービスのキレが十分でないことが多いです。

それ以外にも**「構える位置が台より遠い」「グリップを変えることができない」「ヒザや腰が使えない手打ち」**などの原因があります。それぞれが課題を持って練習することで、サービス技術をレベルアップしていきましょう。

## コツ① 腰を後ろに捻ってスイングスピードを上げる

バックスイングでは、腰の後ろまでラケットを引くこと。そのためにはヒザと腰でタメをつくって、体を捻じっていくことがポイントになる。手打ちになってしまうと、スイングスピードが遅くなり、ラケットとボールとの摩擦が小さくなってしまう。

## コツ② 背中が見えるよう半身に構える

利き手側の足を後ろに引き、逆足を前にして構える。このとき相手に背中がしっかり見えていることがポイント。この半身の構えができていないと、バックスイングが十分にとれず、相手にインパクトの瞬間が見えやすくなってしまう。

## コツ③ 摩擦の力を利用してサービスの回転量を上げる

グリップは通常の握りと変えてラケットの可動域をアップする。そうすることでボールとラバーとの摩擦を長くして、より切れるサービスを打つ。インパクトはグリップを強く握り過ぎずに、利き腕側の体の正面で打球するイメージ。

### ひとことアドバイス

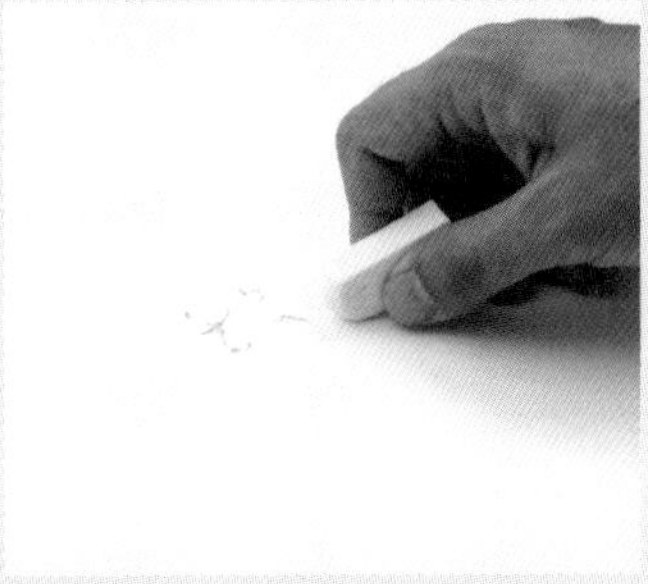

## 摩擦を生む感覚をイメージする

切る感覚がわからない人は、ゴムでできているラバーとボールの摩擦をイメージするとき、「消しゴムをこする」シーンを思い描いてみよう。切る動作は「綱引き」で、綱を引く瞬間の「ギュっ」という感覚に似ている。

コラム③

# サービスのルール

卓球では、サービスのルールに細かい規定があります。ルール違反で失点にならないよう、しっかりと覚えましょう。

ボールは手のひらに乗せて、サービスの姿勢をとります。ボールを握り込むのはNG。しっかりと手のひらを伸ばします。

そして、卓球台の外側（エンドラインよりも後ろ）で16㎝以上のトスをあげます。卓球のネットの高さが15・25㎝。つまり、目安としてネットよりも高くトスをあげればいいのです。そして、トスしたボールが落下してから打ちます。ボールがあがっている途中で打つと違反です。

一度トスしたボールを空振りしたり、打たずにキャッチしたら、相手の得点となります。

さらに、サービスが相手コートをオーバーすると相手の得点となります。

ネットにかかり、自コートに落ちた場合には、これも相手の得点となりますが、相手コートに落ちた場合には、サービスの打ち直しとなります。

台よりも上でボールを構え、手のひらは開いている状態。これが正しい構え方だ。

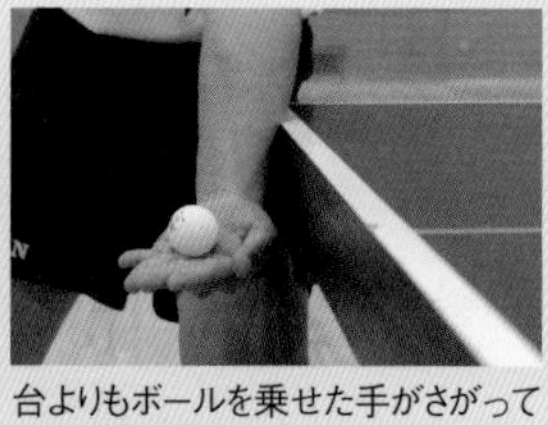

台よりもボールを乗せた手がさがってしまうと違反行為。

ボールを握って持ってはいけない。手のひらは開いて、ボールを置く。

# Part 4

## 粘り強い
## プレイヤーになるために
## レシーブをマスターする

POINT 23

# ヒザを曲げてカカトを浮かせて構える

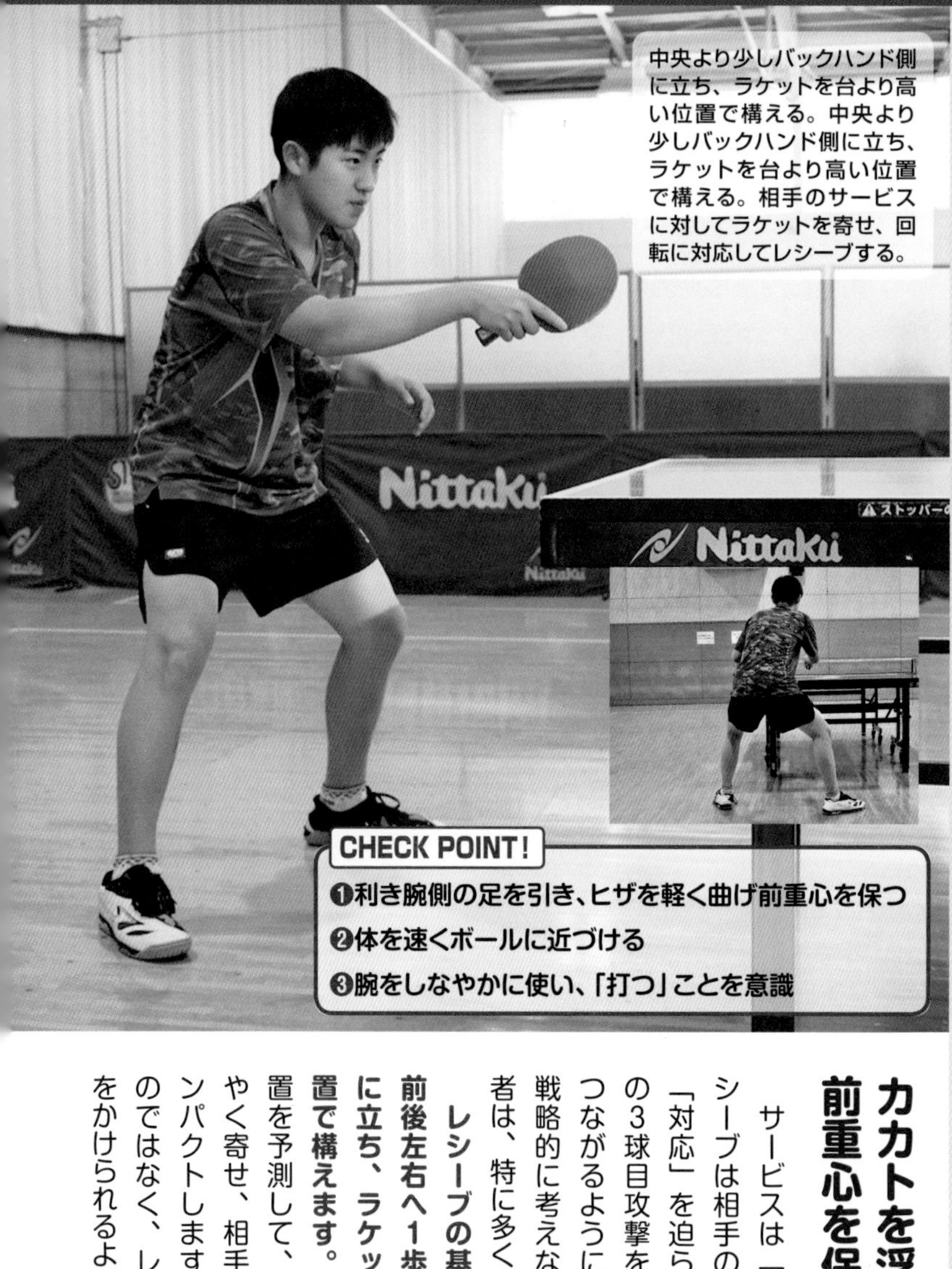


中央より少しバックハンド側に立ち、ラケットを台より高い位置で構える。中央より少しバックハンド側に立ち、ラケットを台より高い位置で構える。相手のサービスに対してラケットを寄せ、回転に対応してレシーブする。

**CHECK POINT!**

❶利き腕側の足を引き、ヒザを軽く曲げ前重心を保つ
❷体を速くボールに近づける
❸腕をしなやかに使い、「打つ」ことを意識

## カカトを浮かせて前重心を保つ

サービスは「自由」に打てますが、レシーブは相手のサービスへの「判断」と「対応」を迫られるもの。さらに、相手の3球目攻撃を防ぎ、4球目の攻撃へとつながるように、打球のコースや回転も戦略的に考えなくてはなりません。初級者は、特に多くの練習時間が必要です。

**レシーブの基本は、自分のコート内に前後左右へ1歩動けばとどくような位置に立ち、ラケットは卓球台よりも高い位置で構えます。**第2バウンドが落ちる位置を予測して、ボールにラケットをすばやく寄せ、相手のサービスに対応してインパクトします。相手サーブにぶつけるのではなく、レシーブ側も自分から回転をかけられるようにしましょう。

## コツ① 足を開き利き腕側の足を前に出し、前重心に

バックハンドのレシーブは足は肩幅より広く開き、フリーハンド側の足は少し後ろに引く。腰とヒザを軽く曲げ、カカトも少し浮かして前へ重心を置いて、すばやく動ける体勢をとる。ショートサービスも打ち返せる中央より少しバックハンド側で構える。

## コツ② 体を素早くボールに寄せる

相手のかけた回転を抑えて、自分で回転をかけるためには、ラケットをボールに素早く寄せることが大切だ。そのためには、体ごとボールに近づくようにしたい。ラケット面は卓球台に直角に立てないよう、少しだけ上ナナメに傾けるのが基本。

## コツ③ 相手サーブが甘ければ積極的に仕掛ける

レシーブだからといって受け身ではポイントを獲ることができない。相手サーブが甘ければ積極的な攻めのレシーブで仕掛けていく。そのための準備や判断力を磨くため、日頃から意識してレシーブ練習に取り組むと良いだろう。

## ひとことアドバイス

### 台に体を寄せてボールをしっかり見る

レシーブでは体を前傾させて、目線を近づけていくことが大切。足を動かして台に体を寄せていこう。手だけ伸ばしたレシーブだと微妙な変化に対応できず、ボールの勢いにも負けてしまう。

POINT 24

ツッツキレシーブ（フォア）

# 先に足を動かし体をボールに寄せる

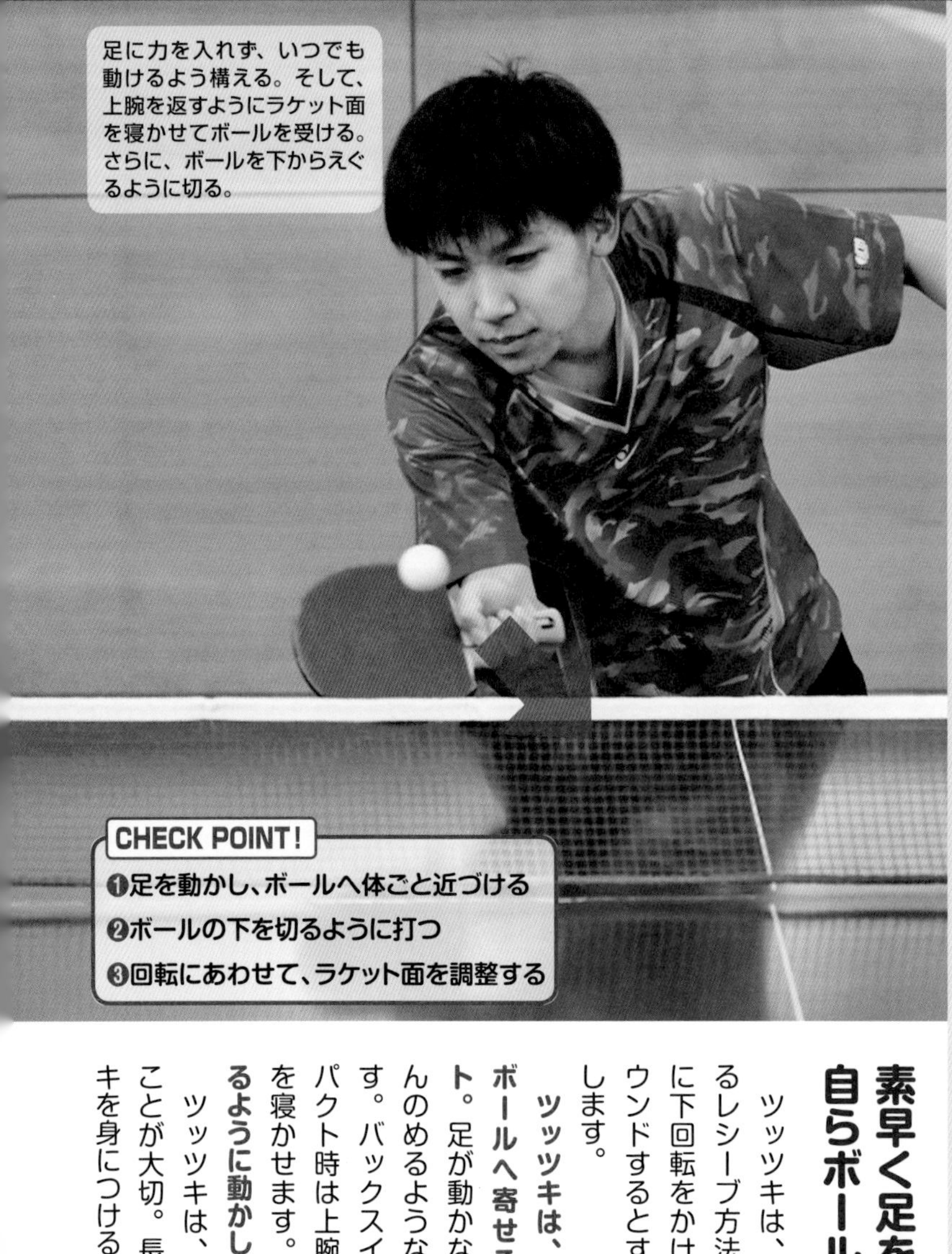

足に力を入れず、いつでも動けるよう構える。そして、上腕を返すようにラケット面を寝かせてボールを受ける。さらに、ボールを下からえぐるように切る。

**CHECK POINT！**

❶足を動かし、ボールへ体ごと近づける
❷ボールの下を切るように打つ
❸回転にあわせて、ラケット面を調整する

## 素早く足を動かし自らボールに近づく

ツッツキは、ショートサービスに対するレシーブ方法のひとつです。打つときに下回転をかけるので、相手コートでバウンドするとすべるようにコースが変化します。

**ツッツキは、先に足を動かして体ごとボールへ寄せるようにするのがポイント。**足が動かないと、腰が引け、前へつんのめるような打ち方になってしまいます。バックスイングは小さくして、インパクト時は上腕を返すようにラケット面を寝かせます。**ボールを下から前へえぐるように動かし、下回転をかけます。**

ツッツキは、コースをしっかりねらうことが大切。長いツッツキと短いツッツキを身につけると良いでしょう。

## コツ① 速いフットワークで体をボールに寄せる

足から体を動かすことが、とても重要だ。レシーブの構えが固いと、気持ちだけがあせって、腕だけを前へ出してしまいがち。すると腰が引けて、ボールに当てるだけのレシーブになってしまう。「最初は足を動かす」と常に意識して練習しよう。

## コツ② ボールの下を打ち下回転をかける

腕を使ってラケットを振り、ボールの下をこするように打つと下回転がかかる。このとき、手首は動かしすぎないのがポイント。手首でラケットを振ってしまうと、打球に余分な力が加わって、ネットミスやオーバーミスしてしまうので注意しよう。

### ココに注意！

**ヒザや腰を曲げ体全体を柔らかく使おう**

ヒザや腰が伸びて、上体が立った状態で、手だけを使ってツッツキをしないように注意しよう。姿勢が高いと、ラケットに当てるだけのレシーブになってしまいがちだ。ヒザや腰を曲げて、低い姿勢で打つようにしよう。

## コツ③ 回転を判断してラケット面を調整する

サーブの回転によって、ラケット面を操作することが大事。そうしなければ効果的なレシーブにならず、相手に三球目のチャンスを与えてしまう。下回転が強いときは、ラケット面を寝かせて打球し、下回転が弱いときは、面をやや立たせてインパクトする。

# POINT 25 ヒジを曲げ上腕をナナメ下に振る

ヒジを曲げ、上腕を上向きに回転させる。ラケット面を寝かせ、ボールの底をこするようにして打つ。体ごとボールに寄せるイメージでボールをとらえる。

**CHECK POINT!**

❶上腕を返すようにひねり、ヒジを前へ出す

❷体を使って、相手コートへ押し込むようなイメージで打つ

❸ねらったコースへ打てるように練習する

## 上腕を回転させ ラケット面を寝かせる

バックハンドのツッツキレシーブは、安全性が高く打つタイミングも計りやすいレシーブ打法です。

**フォアハンドのツッツキと同様に、足を使って体ごとボールに寄せます。ヒジを曲げて上腕を上向きに回転させ、ラケット面を寝かせます。ボールの底をこするようにインパクトし、体を使って前へと飛ばすように打ちます。**

バックハンドの深いところにきたサービスには、ヒジを横へ引くようにしてもいいでしょう。体を寄せず、手だけで打たないように注意。ただ入れるだけにならないように、切る・切らない、横回転を入れるなどバリエーションをつけましょう。

## コツ① 上腕をひねり ヒジを押し出す

手首だけを動かしてラケット面を寝かせることがないよう、ヒジから先の上腕を回転させて、ヒジを前へ押し出すように動かすこと。また、ヒジを横や斜め前へと引くように動かして打つと、下回転にも変化がついて相手がリターンをしにくくなる。

## コツ② 体全体を使い 押し出すように打つ

上体をボールへ寄せて、体を使ってボールを押し出すように打つこと。ツッツキのようにスイングが小さい打法は、手や腕だけで打ってしまいがちだが、体全体を使ってコースを安定させるのが重要だ。台の上に上半身がかぶさるようにして打とう。

### ココに注意！

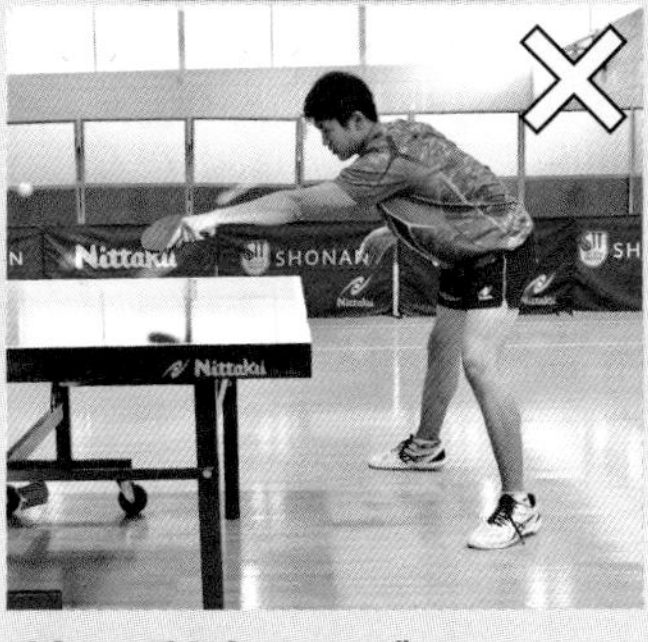

## 利き手側のヒザの上で打球する

初心者はヒザが伸び、打球点が体から遠くなりがち。それだとどうしても手打ちになってしまい、コントロールの精度が落ち、ボールに勢いも伝わらない。足をしっかり動かし、利き手側のヒザの上で打球するイメージを持つ。

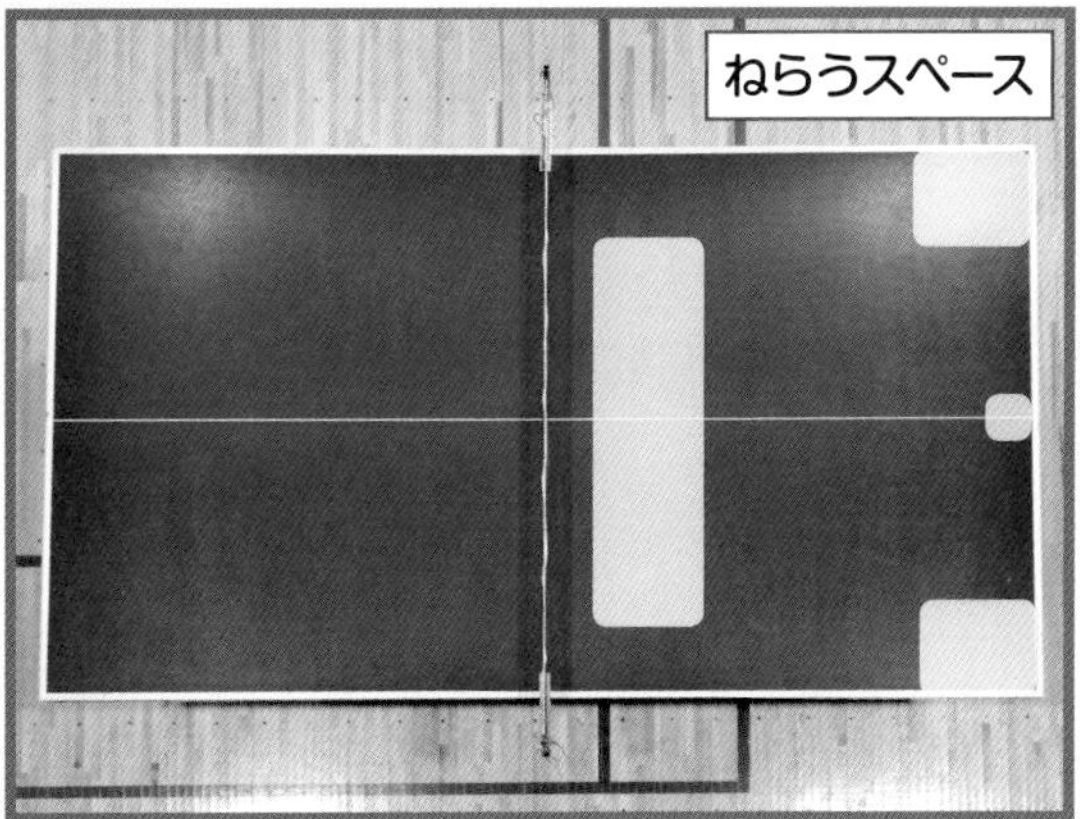


## コツ③ 相手のスキをつく コースをねらう

ツッツキは、球速や威力も弱くなりがち。相手を左右や前に大きく動かすような場所へ、低いボールでレシーブができると、3球目攻撃を防ぎ、チャンスが広がる。下回転のかかるツッツキは、相手のネット際や体の正面、左右サイドラインをねらうとよい。

POINT 26

フリック（フォアハンド）

# 大きく速いスイングで上回転をかける

CHECK POINT！

❶スイングは速く、大きく振る

❷上回転をかけるとき、ラケットをナナメ上へ振りぬく

❸速い打球で、しっかりとコースをねらう

素早くボールの落下地点に入り、速く大きなスイングをする。ボールのナナメ上を切り、ボールを払うイメージで打つ。打った後のスイングも大きく。

## 大きく速くスイングし上回転をかける

ショートサービスに対して、攻撃的なレシーブをしたいときに使うのがフリック。速いスイングでボールに上回転をかけるので、バウンドするとボールの速さが増し、リターンが打ちづらくなります。

**バックスイングはしっかりととり、前腕を使ってボールを払うように打ちます。そのときボールのナナメ上を切るように打つと、上回転がかかります。インパクト後も、耳の上までラケットを振りあげ、大きくスイングします。**スイングが遅いと回転不足となり、ネットミスしたり、エンドラインをオーバーしやすくなるので注意。打球点が遠く、体の正面で打てないとミスにつながります。

## コツ① 速くて大きなスイングで打つ

スイングは大きく速く、インパクトの後も、ラケットが耳の高さまでくるように振りぬく。スイングを遅らせないためにも、足を動かして、ボールの落下点へすばやく体を寄せよう。足の動きが遅いと、体が引けて手だけで打ってしまう。

## コツ② ナナメ上へ払うように打つ

フリックは、ほかのレシーブとはちがって手首の使い方が重要。ボールに上回転をかけるために、インパクトのときにはボールをナナメ上へと払うように手首を動かし、振りぬく。この動きが遅いと、ボールにうまく上回転がかからなくなってしまう。

### ココに注意！

### 手だけを使ってラケットを突きださない

ボールへ寄るタイミングが遅れると、腕も手首も振れずにボールを正面へ突きだすようにラケットを当ててしまう。すると、高さが足りずにネットミスになるか、反対に返球が高く浮きすぎてオーバーミスになってしまいがちだ。

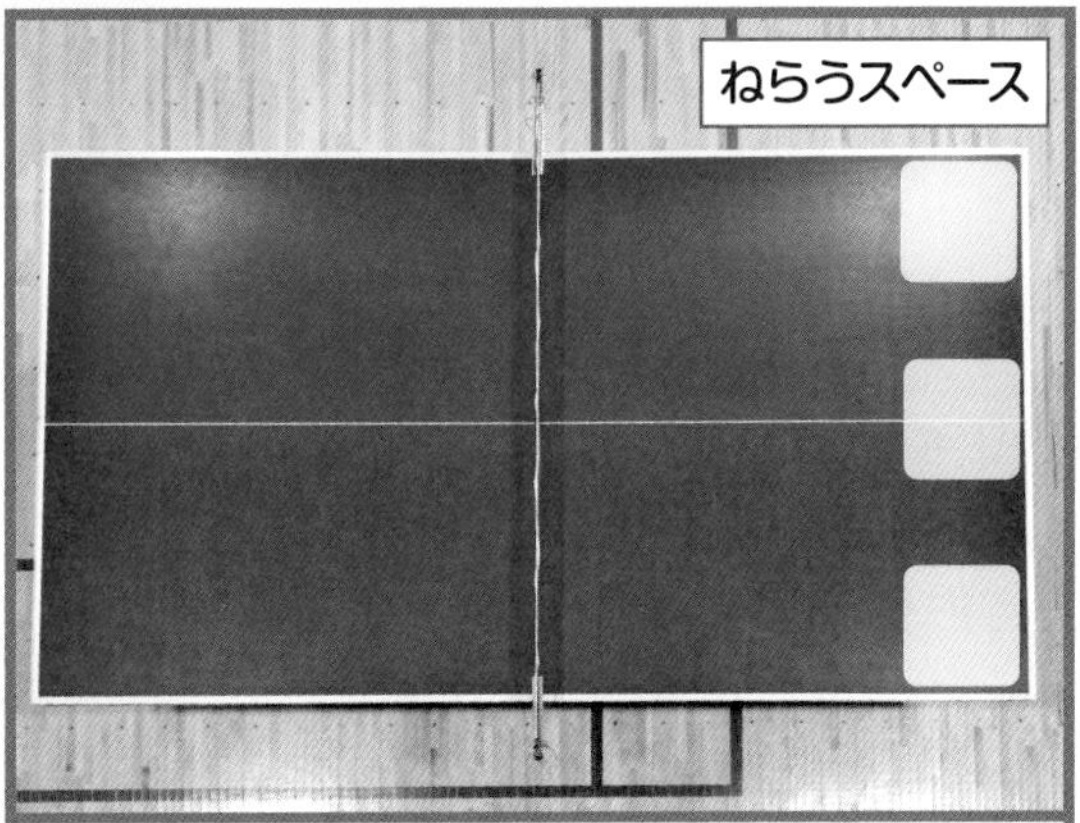


## コツ③ 球速も重要ライン際をねらう

相手のショートサービスは、3球目攻撃をするのがねらい。しかし、2球目にフリックで、相手の正面や両サイドへ強くて速いボールを返球すれば、相手の攻撃を防ぐことができ、また、自らの4球目攻撃へとつなげることができる。

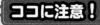

POINT 27

フリック（バック）

# 腕全体を動かししなやかに手首を使う

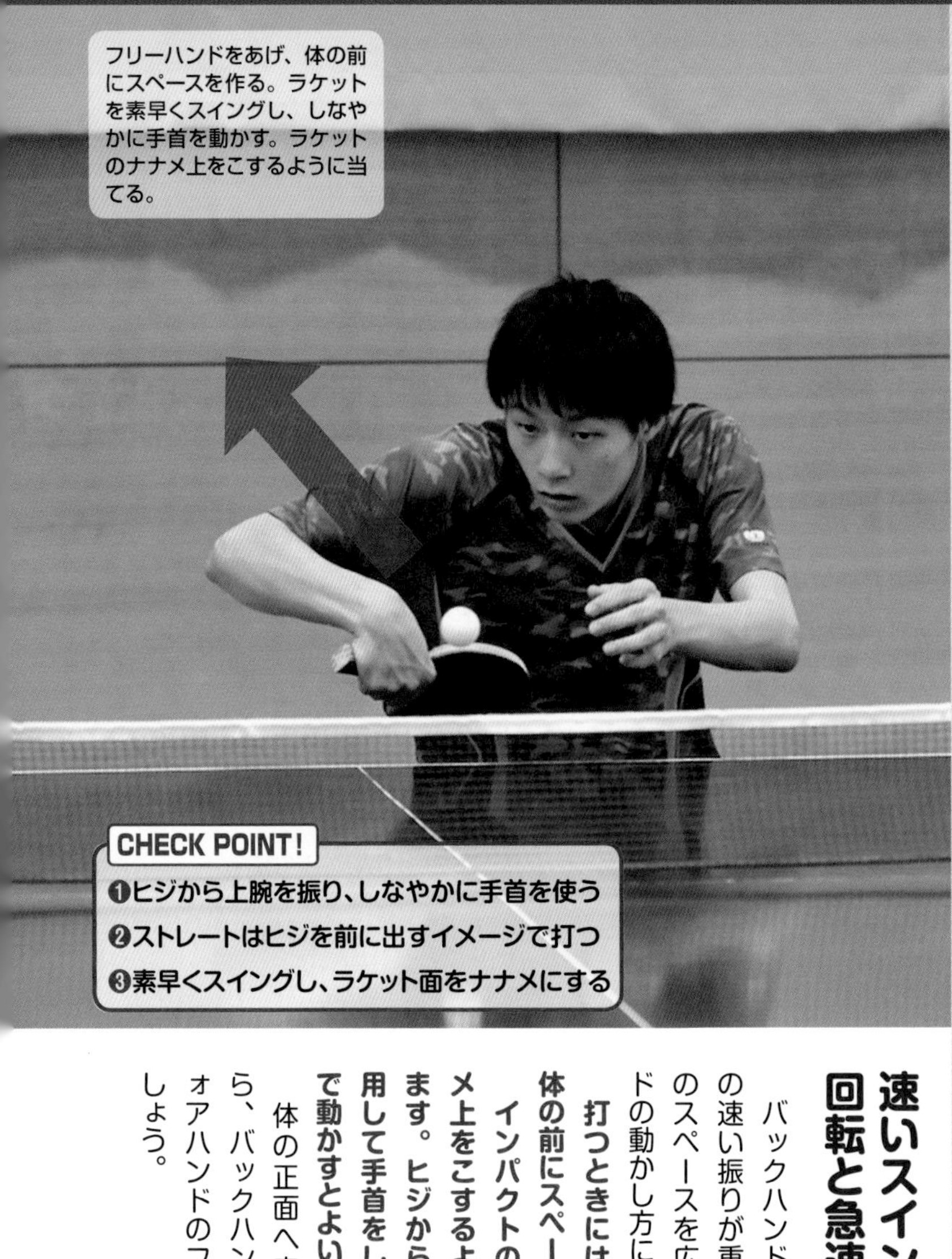

フリーハンドをあげ、体の前にスペースを作る。ラケットを素早くスイングし、しなやかに手首を動かす。ラケットのナナメ上をこするように当てる。

**CHECK POINT!**

❶ヒジから上腕を振り、しなやかに手首を使う
❷ストレートはヒジを前に出すイメージで打つ
❸素早くスイングし、ラケット面をナナメにする

## 速いスイングで回転と急速を高める

バックハンドのフリックも、腕と手首の速い振りが重要です。また、スイングのスペースを広くするためにフリーハンドの動かし方にも気をつけます。

**打つときにはフリーハンドをさげず、体の前にスペースを作ります。インパクトのときには、ボールのナナメ上をこするようにラケット面を動かします。ヒジから上腕を振り、その力を利用して手首をしならせるようなイメージで動かすとよいでしょう。**

体の正面へ来たショートサービスなら、バックハンドのフリックの方が、フォアハンドのフリックより打ちやすいでしょう。

## コツ① 腕をしなやかに使いボールを払う

ヒジから上腕を素早く動かしてスイングし、球速と飛距離を高める。インパクト時には上腕をひねり、ボールの上を払うようにラケット面を動かすのもポイント。腕をナナメ横へ振りぬけば、ボールが上横回転になって、リターンを打ちづらくなる。

## コツ② ストレートはヒジを前に突き出す

バックハンドフリックのクロスねらいは、比較的簡単にできる。そこで、ストレートやセンターラインなどのコースをねらえるようになれば有利。ラケットハンドは、ヒジを少し前へ突きだすようにして横回転をかけると、ストレートへ打ちやすくなる。

## コツ③ 手首の振りは速くラケット面はたてない

フリックは手首の振りの速さでボールに上回転をかける。手首だけで打とうとすると球速が落ちて、ゆるい返球になり相手に3球目を攻撃されやすい。またインパクトのときにラケット面が垂直になるように立ててしまうと、ボールが飛びすぎて、オーバーなどのミスにつながるので注意しよう。

### ひとことアドバイス

## 利き足を台の下まで踏み込む

足を動かし、ボールの正面に入って打球点をとることが大切。利き足を台の下までしっかり踏み込み、ヒザを曲げて腰を落とし、目線をボールに寄せていくイメージを持つ。

POINT 28

# ラケットを大きく動かし回転をかける

チキータは台上の短いサーブに対して有効なレシーブ。ラケットを下に向けて上に向かってこするように打つ。

**CHECK POINT!**

❶ラケットを下に向けるように手首を曲げて打つ
❷ボールは、体の正面あたりでとらえる
❸ヒジは高くあげて、上腕を振る

## 手首を曲げて ラケットを下に向ける

チキータは、バックハンドフリックより強い回転をかけたレシーブ方法です。ボールに横回転がかかり、バナナのような曲線を描くことから、バナナの銘柄名「チキータ」にちなんで名付けられたと言われています。

**ボールを体の正面でとらえ、ヒジを高い位置において上腕を振り、手首を使ってラケットの頭を下に向けます。ボールを横ナナメ上へ、こするようにインパクトすると、自分の利き手側へとカーブを描いてボールが飛びます。**

レシーブから強い回転をかけられ、変化があるため効果的で、シェイクハンドプレイヤーたちに流行しているレシーブ方法です。ヒジの高さと手首の柔らかさがポイントです。

## コツ① 手首を曲げ ラケットの頭を下へ

ラケットハンドは、ヒジを支点に上腕を大きく振り、インパクト時にラケットの頭が下を向いているように手首を曲げる。ボールをとらえたら、ラケット面をややナナメ上へこするように打つ。すると、大きなカーブを描くコースになる。

## コツ② ボールは体の 正面でとらえる

上腕を振り子のように動かして打つレシーブのため、体の正面にボールをとらえられるよう素早く動く。また、ラケットハンドがしっかり振れるように、フリーハンドはさげないこと。体の正面でインパクトできないと、安定性が落ちてしまう。

## コツ③ ヒジは高い位置においたまま ラケットを振る

ラケットハンド側のヒジは肩と同じくらいの位置に高くあげて、上腕を振ろう。ヒジの位置が低いとラケットの振りが小さくなってしまい、コースも定まらず回転もかかりにくい。また、ボールをインパクト後、少し上向きに飛ぶようにすると、チキータが成功しやすくなる。

## ひとことアドバイス

### 威力あるチキータで レベルアップ

スピードと回転量をコントロールできるようになると、四球目攻撃につながる。相手がリターンを打ちづらいように、威力のあるチキータを身につけよう。

POINT 29

逆チキータ

# ラケットを左から右へ動かし逆スピンをかける

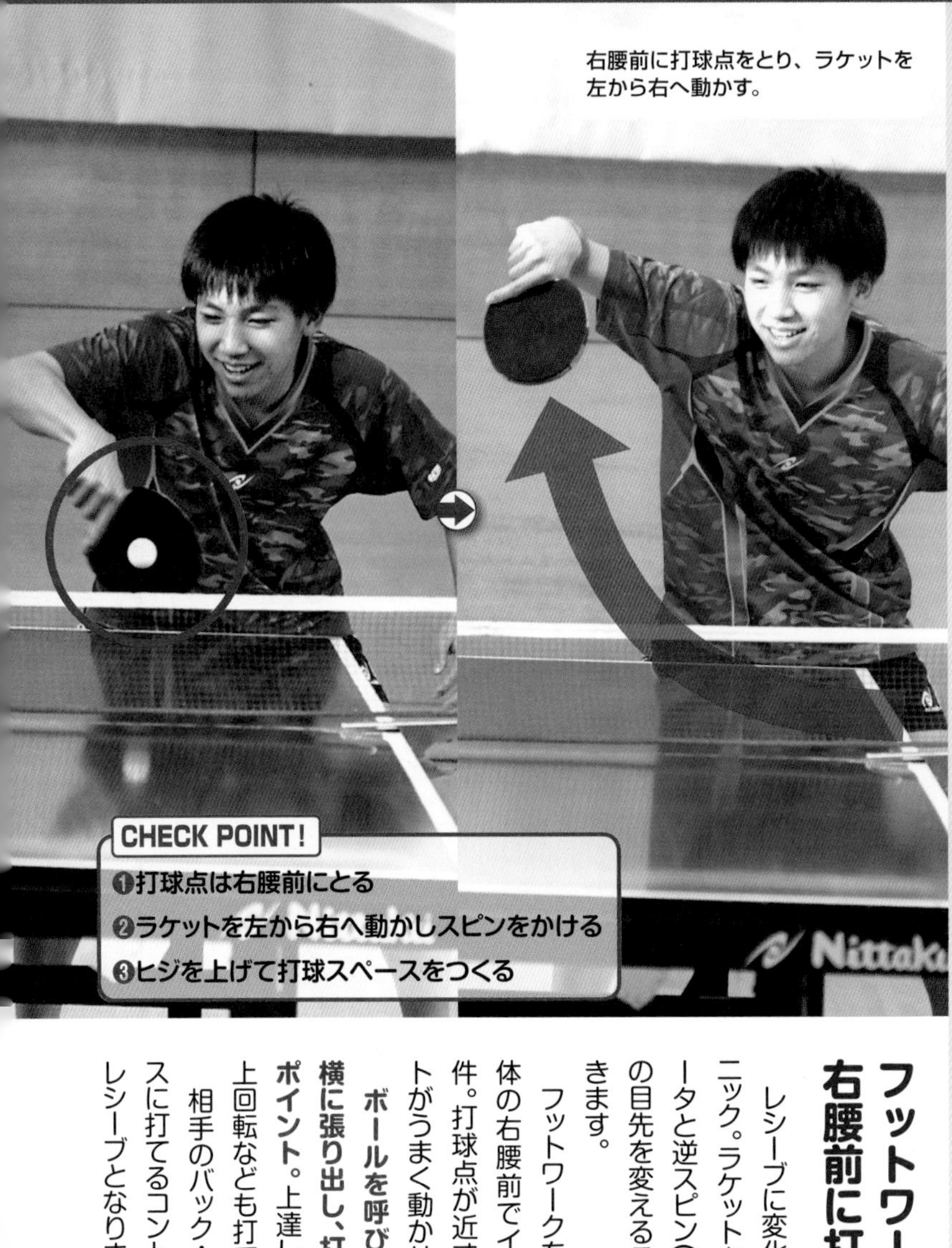

右腰前に打球点をとり、ラケットを左から右へ動かす。

**CHECK POINT!**

❶打球点は右腰前にとる
❷ラケットを左から右へ動かしスピンをかける
❸ヒジを上げて打球スペースをつくる

## フットワークを使って右腰前に打球点をとる

レシーブに変化をつけたいときに使うテクニック。ラケットを左から右へ動かして、チキータと逆スピン(左に曲がる)をかけて、相手の目先を変えることで、ミスを誘うことができます。

フットワークを使い、正しい打球点である体の右腰前でインパクトすることが第一条件。打球点が近すぎても、遠すぎてもラケットがうまく動かせないので注意しましょう。

**ボールを呼び込むときは、ヒジを上げて横に張り出し、打球スペースをつくることがポイント**。上達したら横回転や横下回転、横上回転なども打てるよう練習しましょう。

相手のバック・ミドル・フォアの三つのコースに打てるコントロールがあると、効果的なレシーブとなります。

POINT 30

# 面をやや上に向けてツブを寝かせて打つ

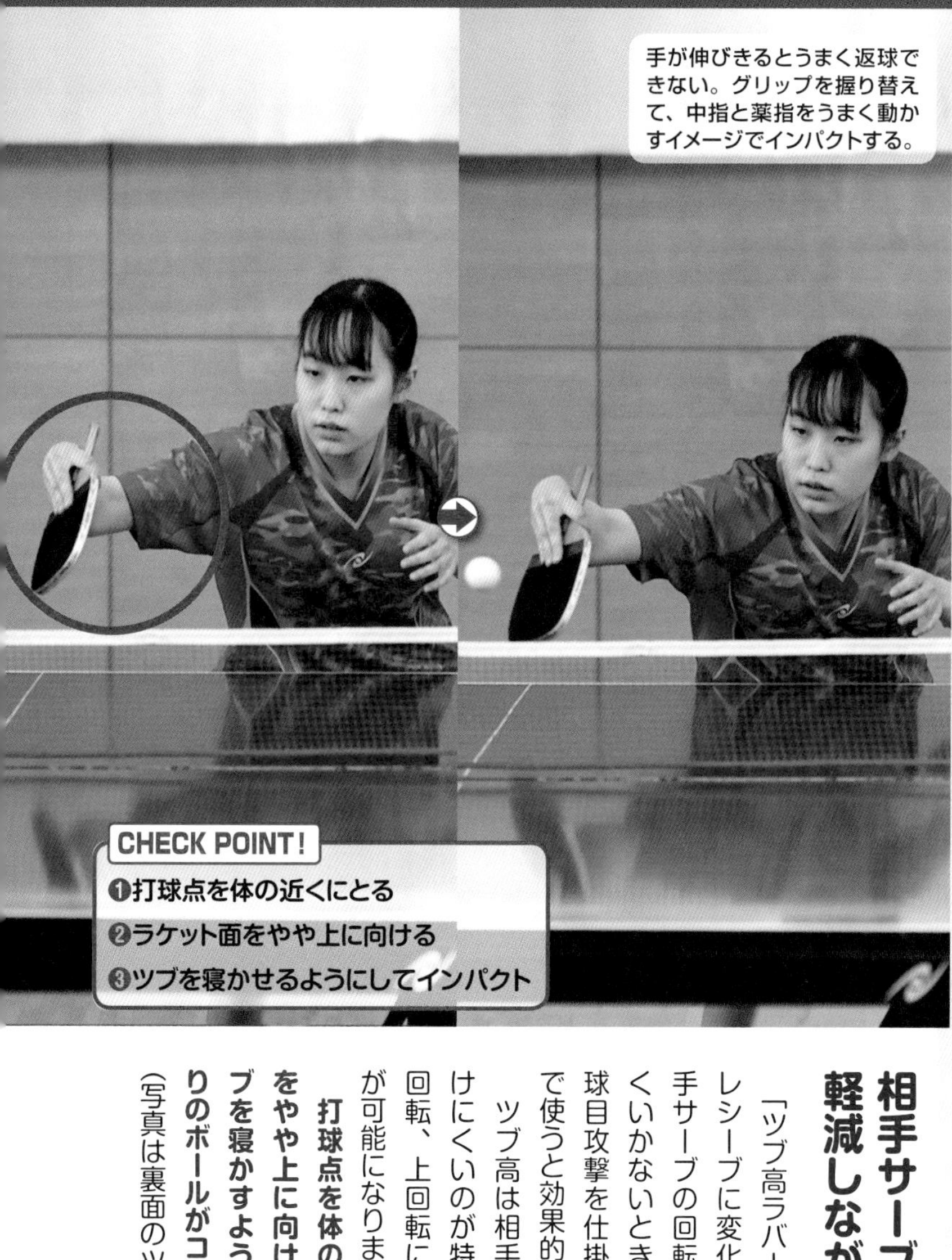

手が伸びきるとうまく返球できない。グリップを握り替えて、中指と薬指をうまく動かすイメージでインパクトする。

**CHECK POINT!**

❶打球点を体の近くにとる
❷ラケット面をやや上に向ける
❸ツブを寝かせるようにしてインパクト

## 相手サーブの回転の影響を軽減しながら返球する

「ツブ高ラバー」を上手に使うことで、レシーブに変化がつけられます。特に相手サーブの回転が強く、レシーブがうまくいかないとき、レシーブを狙われて三球目攻撃を仕掛けられそうなタイミングで使うと効果的です。

ツブ高は相手ボールの回転の影響を受けにくいのが特徴。下回転に対しては上回転、上回転に対しは下回転のレシーブが可能になります。

**打球点を体の近くにとり、ラケット面をやや上に向けてインパクト。表面のツブを寝かすようにレシーブすると思い通りのボールがコントロールできます。**

(写真は裏面のツブ高レシーブ)

POINT 31

## ストップ（フォア）

# ボールの底を打ちネット際に落とす

足を台の下に入れ、台に体を寄せる。ボールがバウンドする位置を予測し、ラケットを出し、手首を返して打つ。ネット際に落とすコースをイメージすること。

**CHECK POINT!**

❶小さなスイングでボールの底を打ち、ネット際に落とす

❷バウンドをしたら、すぐに打つ

❸目線はしっかりさげてボールと同じ高さに近づける

## ネット際すれすれに落とすように打つ

ショートサービスに対して、小さく返球し、3球目攻撃を防ぐのがストップレシーブの目的。ボールの威力や回転を吸収するかのようにラケットを動かし、ネット際すれすれをねらいます。

**卓球台の下へ足が入り込むくらい、足を前へと動かし体をボールへ寄せます。第2バウンドしたらすぐにボールが打てるように構え、ヒザや腰を曲げて姿勢を低くして、目線はボールの高さと同じになるようにします。**

インパクトのときには、ボールの威力や回転を吸収するようにラケットを動かします。ツッツキよりもはやいタイミングで、自コートのバウンド直後に打球しましょう。

## コツ① 小さくスイングしラケットの先端をややあげる

　スイングは小さくして、打つ瞬間には、ラケットを小さく動かす。サービスの回転を吸収するように、手首を返してラケット面を横下へと動かすのがポイント。その際、ラケットの先端がややあがるようにして、相手のネット際をねらおう。

## コツ② 打球点は上昇点の近く

　第2バウンドする位置を予測して、あらかじめラケットを出し、バウンドし上昇したらすぐにインパクトするのが、ストップのコツ。打球点が遅いと、サービスの球威を吸収できず、思っている以上にボールが高く浮くように飛んでしまう。

## コツ③ 目線は低くボールと同じ高さに

　姿勢が高くなると、レシーブが高く浮いて、相手に3球目を強打されやすくなる。ストップは目線が打球点と同じ高さになるように、腰とヒザを曲げて姿勢を低くするのが重要。ヒザの屈伸でサービスの球威を吸収するようなイメージで動くといい。

**ココに注意！**

### 手首だけで打たずに腕全体を動かす

体が前のめりになり過ぎてしまうのもNG。 ストップは、手首だけを使いラケットをぶつけるように打つと、ボールが高く浮くなど、レシーブミスになりがちだ。インパクトのときにはヒザを使い、腕を動かす。

POINT 32

ストップ（バック）

# 足を前に出し素早く体を寄せる

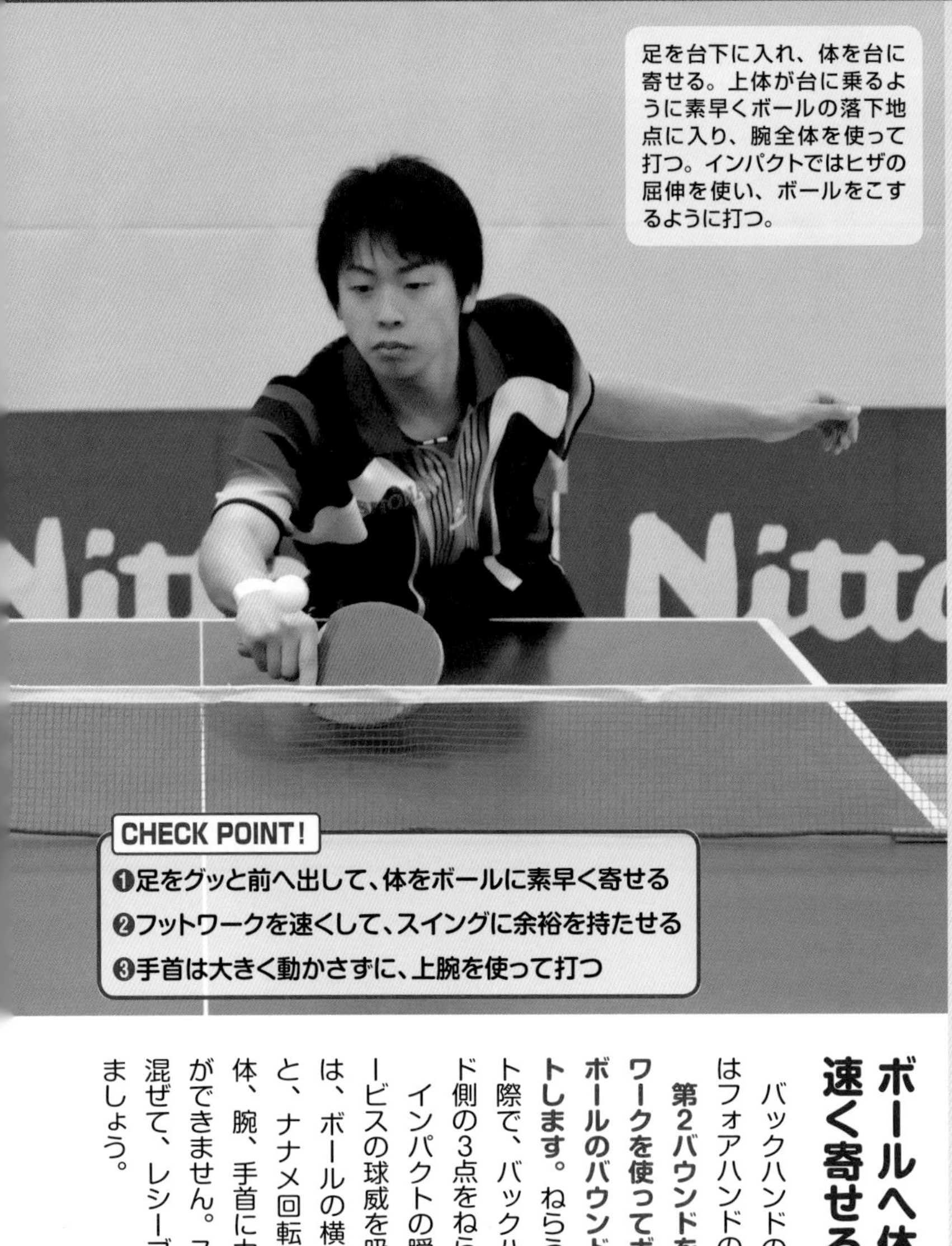

足を台下に入れ、体を台に寄せる。上体が台に乗るように素早くボールの落下地点に入り、腕全体を使って打つ。インパクトではヒザの屈伸を使い、ボールをこするように打つ。

**CHECK POINT!**

❶足をグッと前へ出して、体をボールに素早く寄せる

❷フットワークを速くして、スイングに余裕を持たせる

❸手首は大きく動かさずに、上腕を使って打つ

## ボールへ体を速く寄せるのが重要

バックハンドのストップレシーブも、基本はフォアハンドのストップと同じです。

**第2バウンドをする位置を予測し、フットワークを使ってボールへ素早く体を寄せて、ボールのバウンド直後を見計らってインパクトします。**ねらう位置は、相手コートのネット際で、バックハンド、ミドル、フォアハンド側の3点をねらうようにします。

インパクトの瞬間はヒザの屈伸を使い、サービスの球威を吸収します。バックハンドでは、ボールの横をこするようにヒジを引くと、ナナメ回転をかけやすくなります。上体、腕、手首に力を入れると小さく返すことができません。ストップと長めのツッツキを混ぜて、レシーブが単調にならないようにしましょう。

## コツ① 足を前へ出す大きく出し体をボールに寄せる

バックハンドのストップはフットワークが大切。体を素早く卓球台へ寄せ、余裕をもってスイングできるようにしよう。利き腕側の足が卓球台の下へ入るように前へ出し、インパクトのときにはヒザの屈伸を使って球威を吸収するように動かそう。

## コツ② フットワークの速さでスイングに余裕を

足が動かず、スイングや腰やヒザの屈伸に余裕がないと、手首だけで打ってしまいがち。手首で打つとボールにぶつかる動きになり、余分な力が入ってミスになりやすい。そのため、素早いフットワークを心がけ、余裕を持ってスイングするのが大切。

## コツ③ 上腕でラケットを振るイメージで打つ

ストップは「ラケットにボールを当てるだけ」ではない。手だけでラケットを振りボールへ当てると、凡打やミスになりやすいので注意が必要だ。上腕を動かし、ねらったコースへストップできるようにする。インパクトのときにヒジを横へと動かすと、ナナメ回転が加わる。

### ひとことアドバイス

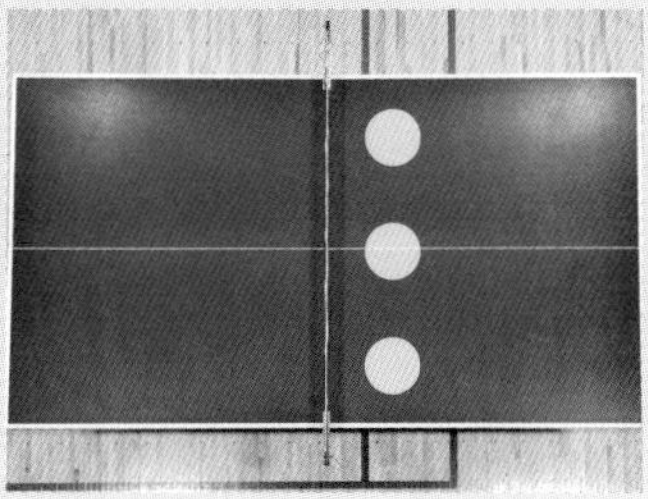

**ねらう場所は3カ所**

ストップでねらうべき場所は、上の写真で示した3カ所。相手コートのネット際で、バックハンド側とミドル、フォアハンド側だ。この場所に返すことによって、次の打球での攻撃を受けにくくなるのだ。

POINT 33

レシーブ攻撃

# チャンスがあればレシーブから仕掛けていく

チャンスボールが来たら、すばやく攻撃的なショットを打ち込む。

**CHECK POINT!**

1. 攻撃的なショットで四球目につなぐ
2. 四球目につなぐためのリターンを考える
3. ロングサービスに対しては台からしっかり距離をとる

## すばやくサービスを判断して体を寄せて強い返球を心掛ける

相手が繰り出すサービスを判断して対応するレシーブは、とても難しい技術です。しかしリターンに専念するあまり、ツッツキだけの弱気なレシーブを続けていると、相手の三球目攻撃を受けてしまいます。

**相手サービスをしっかり見極め、状況にあったレシーブで攻撃していく意識を持ちます。ロングサービスは回り込んで攻撃していきましょう。シェイクハンドでは、台上の短いサービスに対して、チキータやフリックなどを使って四球目攻撃につなげることがポイントです。**

そのためにも相手のサービスのコースや長さ、回転をすばやく判断し、動けることが大事。判断したらボールに体を寄せて、足腰を使ったショットが打てるよう、繰り返しトレーニングします。

## コツ❶ 攻撃的なショットで四球目につなぐ

ツッツキやストップばかりのレシーブでは、相手の三球目攻撃に押し込まれてしまう。ショートサービスに対しては、フリックやチキータを使い、ロングサービスに対しては、フォアハンドドライブやバックハンドドライブで攻撃を仕掛けていく。

## コツ❷ 四球目につなぐためのリターンを考える

ラリーで主導権を握るためには、四球目攻撃とそれにつなぐためのリターンが重要。レシーブから攻撃的に仕掛けていくことがポイントになる。特に台上では、チキータやフリック、台上ドライブで相手を押し込むことができる。

## コツ❸ ロングサービスに対しては台からしっかり距離をとる

フォアハンドはもちろん、バックハンドでも攻撃的なショットが打てることが理想。シェイクハンドでは、レシーブにやや難がある「フォアハンド前」をショートサービスで狙われ、その裏をつく「バックサイド」のロングサービスへの対応も求められる。

### ひとことアドバイス

## 相手サービスの回転を見極める

相手がナックルや横回転系サーブで攻めてきた場合、オーバーミスが出やすいので注意。ボールの回転を見極めて、ラケット面をかぶせたドライブかフリックで打ち、オーバーミスを防ぐ。

## コラム④ ユニフォーム、ゼッケン

卓球のユニフォームは、トップスは襟付きのポロシャツ状のものと襟のないものがあります。下はハーフパンツやスカートが一般的です。練習はもちろん、どのようなウエアでも構いませんが、公式戦では、着用するユニフォームに規定があります。

半袖シャツとショーツ（またはスカート）は、いずれもJTTA（日本卓球協会）の公認のタグがついたものでなければなりません。シューズやソックスには特に規定はありません。ダブルスや団体戦では、チーム全員が同じユニフォームを着用しなければなりません。

また、試合で対戦相手とユニフォームの色が同色の場合には、話し合いによって、どちらかが違う色のユニフォームに変更します。そのため、チームユニフォームは、最低でも2種類のカラーをそろえたいところです。多くの学校では、学校カラーを配したユニフォームを作ることが多いようです。

ゼッケンは、公式戦ではつけることが義務づけられていることがほとんどです。

# Part 5

# 試合で活用する
# ショットを覚えさらに上を目指す

# POINT 34 腕を大きく振って速いスイングをする

利き腕と反対側の足を踏み込み、体重を乗せる。バックスイングを大きく行い、そのまま床と平行になるようにラケットを振る。フォローも大きく行う。

**CHECK POINT!**

❶左足をしっかり踏み込んで、左の耳までスイングを行う
❷フリーハンドでバランスをとり、勢いをつける
❸相手の反撃にそなえて、すばやく基本姿勢にもどる

## 左耳まで大きくスイング

相手のコートに叩き込むスマッシュは、卓球の華ですが、同時にネットミスやオーバーミスもおかしやすい諸刃の剣と言えます。

まず、ボールの頂点でインパクトできるようにフットワークを使って体を寄せていくこと。続いてフリーハンドをボールに合わせながら、利き腕側の足に体重をのせていき、大きくバックスイングします。

そのまま、逆足を踏み込みこんで体の回転を使って振り出します。ラケットは、インパクトの瞬間にボールに被せ、そのまま体に巻き込むようにして大きく利き腕と逆の耳まで振り切ります。

## コツ① 肩、腰、足を使って大きくスイング

威力のあるスマッシュを打つためには、体全体を使った大きなスイングが必要。ボールの頂点をねらい、勢い良く踏み込んだ足に重心をのせて軸を作る。高い位置から振り出したスイングは、そのまま平行に大きく鋭く、体に巻きこむように耳まで振り抜く。

## コツ② フリーハンドも使って勢いをつける

体の動きの大きいスマッシュではフリーハンドは重要。フリーハンドは自由に動かし、体のバランスを取り、またスイングスピードを高める。さらに、ミートミスをなくすことにつながる。フリーハンドは力を抜き、高い位置を保とう。

## コツ③ 打ったらすぐに相手の攻撃に備える

スマッシュでは、決定打を打ったという意識があると、フォローの姿勢のまま打球の行方を見てしまうプレイヤーもいる。しかし、それでは当然、相手が返球した場合には、間に合わない。どんな状況でも、相手の返球に備え、素早く基本姿勢に戻る。

**ココに注意！**

### スイングした腕を下や前に振らない

耳の高さにあるボールを下に向けてスイングすると、体の回転がうまく使えず、直線的な打球となるため、ネットにかかりやすい。また前に押し出すように打つと、勢いのない打球となるため、床と平行に上半身の捻りを使って振りきる。

POINT 35

パワードライブ

# 体全体を使ってフルスイングする

足を大きく開き、ヒザを曲げ、体勢を低くする。大きくバックスイングし、体重を移動させながら、勢い振る。ナナメ下から前へ振るイメージでスイングする。

**CHECK POINT!**

❶体を大きく使い、素早いスイングを行う
❷ヒザを深く曲げ、素早い重心移動をする
❸バックハンドでも打つ練習をする

## 沈み込み 大きく振り切る

スマッシュと同様に速度があり、さらに前進回転（トップスピン）をかけた打球がパワードライブです。現在の一流選手のほとんどが決定打としている打球でもあります。基本動作はスマッシュと同じですが、ボールの上部をとらえ、前へスイングすることによって上回転をかけます。そのため、低い軌道で威力のある打球が打てるのです。

フォアもバックも大きなスイングを心がけるとともに、フォアは右足から左足、バックは左足から右足へ素早く体重移動させます。スマッシュに比べ、意識的にボールの上部をヒットし前方向にスイングするのもポイントです。

## コツ❶ 大きなバックスイングから振り切る

フォアは、バックスイングを大きくとり、スマッシュと同様に、利き腕側と反対の耳（右利きの場合は左耳）まで振り切る。ただし、スマッシュがナナメ上に向かって振り切るのに対して、パワードライブはナナメ下から前へと振り切るイメージで行う。

## コツ❷ ヒザを深く曲げその勢いでスイング

バックスイングで、利き腕側の足をボールに合わせて、ヒザを深く曲げる。スイングしながら、腰を回転させ、逆足へと素早く体重移動する。体全体の力を、腕に集めるようなイメージで勢いのある、力強いスイングをする。

## コツ❸ バックでも打てれば確実に強くなる

パワードライブは、通常フォアハンドが多いが、バックハンドでも打てるように練習すると、さらに幅が広がる。基本動作は、ドライブと変わらないが、フォア同様、大きなスイングとヒザを深く曲げ、肩、腰をひねり力を腕に伝えることがポイント。

### ココに注意！

## バックスイングがさがるとミスにつながる

ボールに上回転をかけようと意識しぎて、バックスイングがさがってしまうと、打つ瞬間にラケットが上下にぶれやすく、ミスをおかしやすい。体は沈み込ませても、あわせてラケットがさがらないように注意しよう。

POINT 36

ブロック

# 体の正面でボールをとる

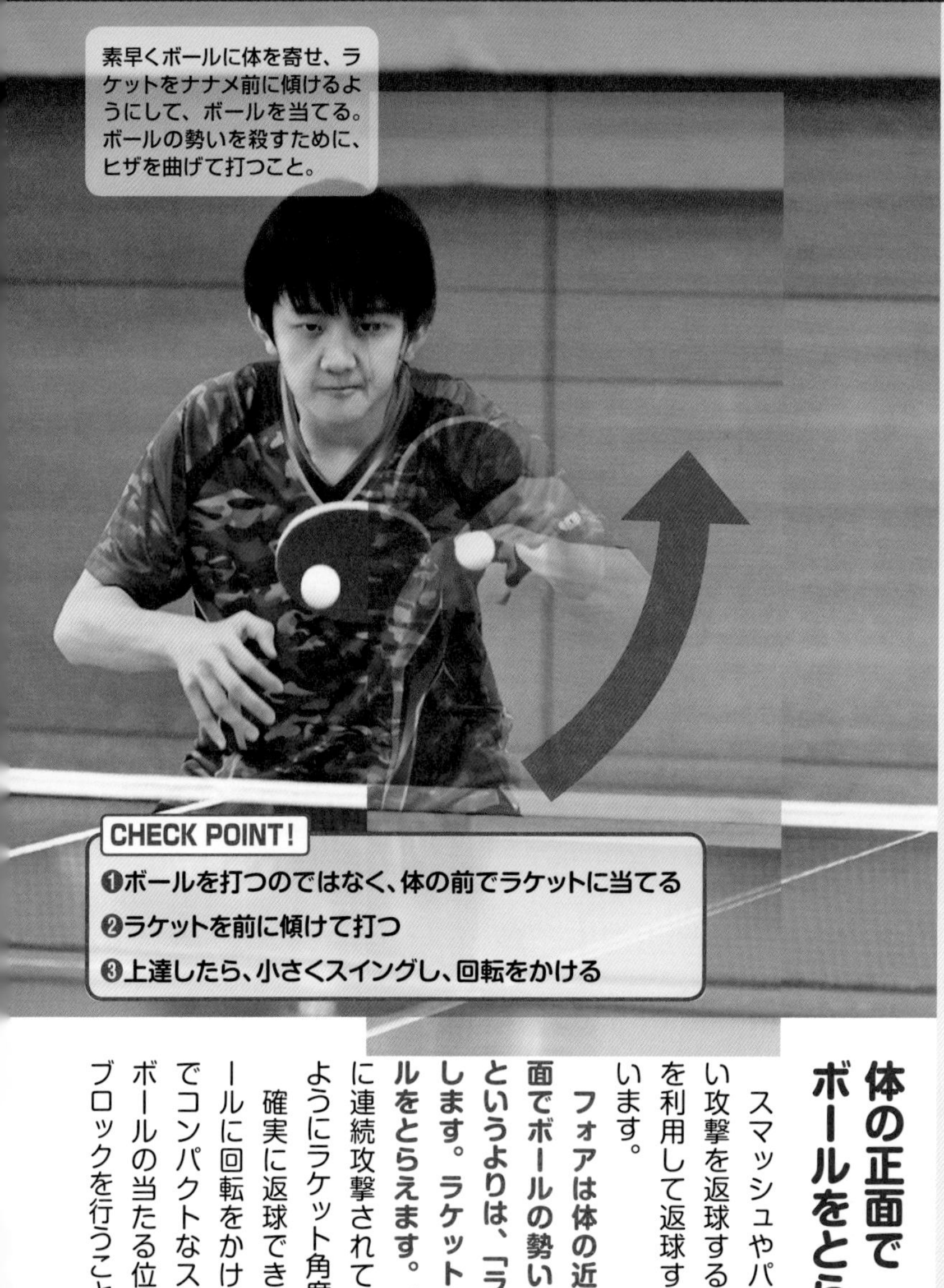

素早くボールに体を寄せ、ラケットをナナメ前に傾けるようにして、ボールを当てる。ボールの勢いを殺すために、ヒザを曲げて打つこと。

**CHECK POINT!**

❶ボールを打つのではなく、体の前でラケットに当てる
❷ラケットを前に傾けて打つ
❸上達したら、小さくスイングし、回転をかける

## 体の正面でボールをとらえる

スマッシュやパワードライブなどの強い攻撃を返球するために、ボールの勢いを利用して返球する打法をブロックといいます。

**フォアは体の近くで、バックは体の正面でボールの勢いを殺すように、「打つ」というよりは、「ラケットに当てて」返球します。ラケットはやや前傾させてボールをとらえます。**ブロックが甘いと相手に連続攻撃されてしまいます。浮かないようにラケット角度を調整しましょう。

確実に返球できるようになったら、ボールに回転をかけてみましょう。体の前でコンパクトなスイングを行うことで、ボールの当たる位置を調整し、攻撃的なブロックを行うことができます。

## コツ① 体の前で ラケットに当てて返す

ブロックは、ラケットでボールの反発を利用して返すイメージで打つ。ポイントは、フォアは右腰の前で、バックは体の正面でラケットに当てること。ヒザ、ヒジ、手首をやわらかく使い、ボールの勢いを殺しながら、ラケットに当てる。

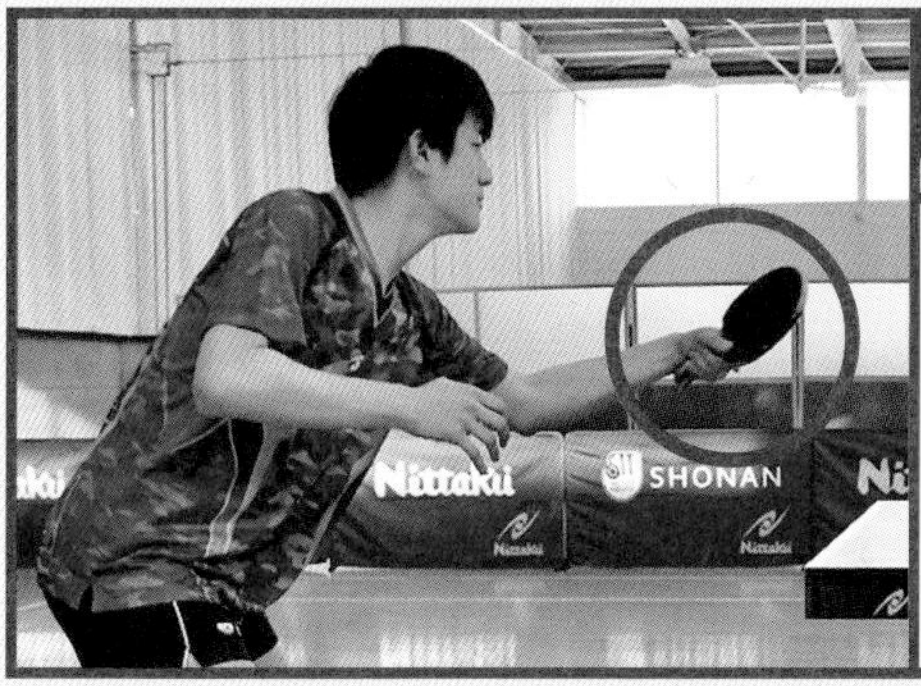


## コツ② ラケットを かぶせて打つ

ラケットはやや下向きに構える。インパクトの瞬間に、ラケットはやや前傾させ、ボールの軌道に対して直角に当たるように位置させる。この際に、ワキを締め、ラケットを固定するイメージで打とう。ラケットをかぶせることで、ボールの勢いを殺せる。

## コツ③ スイングし 回転をかけて返す

バックスイングを小さくとり、ラケットを上向きに傾けて、スマッシュは上方向に、ドライブは曲がる方向に小さく振ることで攻撃的な守備となる。ただし、あくまでも通常のブロックができるようになってから練習したい。

### ココに注意！

## 後傾姿勢やヒザを 伸ばすとミスに

左の写真のように体重がカカトにのって、後ろ重心になったり、ヒザを伸ばしてボールを打つと、ボールの勢いを殺せず、オーバーミスやネットミスになりやすい。ヒザを曲げ、前傾姿勢でボールをとらえることが大切だ。

POINT 37

カウンタードライブ

# 相手ボールのスピードと回転を利用して打つ

相手ボールのスピードと回転を利用して、カウンターのタイミングでボールをとらえる。

**CHECK POINT!**

❶高等テクニックを身につけて決定率をアップする
❷バックスイングを高く小さめにとって振り遅れない
❸ヒザを曲げて腰を落とし相手ボールに押されない

## 体をボールに寄せて はやいタイミングで返球する

相手が攻めてきたドライブや強打をただリターンしているだけでは、ラリーで押し切られてしまう。タイミングを見計らい、強いボールをカウンター気味に返球することで、準備が整わない相手からポイントを奪う。

**ねらうときは速く、回転量がある相手ボールに対して体を寄せ、はやいタイミングの打球点でインパクトすることがポイント。**「振り遅れ」や「ミートする」ことを意識するあまり、手打ちにならないよう注意し、ボールを打つときには、腰を捻ったバックスイングが、しっかりとれていることが理想だ。インパクトの瞬間は力を入れ過ぎず、スイングの延長でボールをヒットする。

## コツ① 高等テクニックを身につけて決定率をアップする

カウンタードライブは、相手の強いボールのスピードと回転を利用して、返球するテクニック。大振りだと振り遅れてしまい、手打ちだと相手ボールの球威に負けてしまう。決まったときの得点率は高いが、難易度の高い技術でもある。

## コツ② バックスイングを高く小さめにとって振り遅れない

相手の強打に対して攻めの返球をするためには、バックスイングを高く、小さめとって振り遅れないようにする。コースがわかっていれば、台の近くに体を寄せて、手首とヒジ中心のスイングを用い、はやい打点でインパクトする。

## コツ③ ヒザを曲げて腰を落とし相手ボールに押されない

相手ボールの威力に押されてオーバーミスにならないよう注意。台からやや離れた位置でのカウンタードライブは、しっかりヒザを曲げて腹筋に力を入れ、腰の捻りを使ってスイングする。体の正面で打球しよう。

### ひとことアドバイス

## バックハンドでもカウンタードライブを打つ

できるだけ台に近づき、手打ちにならないことが大切。タイミングが合わず、難しいボールだと判断したら、一旦はブロックを用いて、つなぐ意識を持とう。フォアハンドはもちろん、バックハンドトライブでもカウンターが打てるよう練習する。

# コラム⑤ 試合の流れ、身につけたい技術

勝敗を左右するものには、「試合の流れ」があります。自分にとって良い流れ、良い展開のときは、そのまま試合を進めても問題ありません。しかし、悪い展開で試合が進んでいるときは、試合の流れを変えなければなりません。

　そのためには、まず単調にならないことです。タイムアウトをとったり、ポイント間でメンタルを切り替えることができるルーティン（構えに入る前の深呼吸やその場ジャンプなど）を行ったりすると良いでしょう。

　サービスの場面では「投げ上げサービス」に変えてリズムを変えたり、バックハンドサービスにして相手の目先を変えることも効果的。レシーブ場面では、返球コースで意表をついてミドルを狙ってみたり、ツッツキレシーブの長短を変えみたりすることでもリズムは変わります。

　また、はやいボールだけで単調に押すのではなく、ラリーに緩急をつけていくこともポイント。悪い流れになったときに使えるテクニックをマスターしておくよう練習に取り組みましょう。

# Part 6

# 強豪校を目指し 練習法・戦術を考える

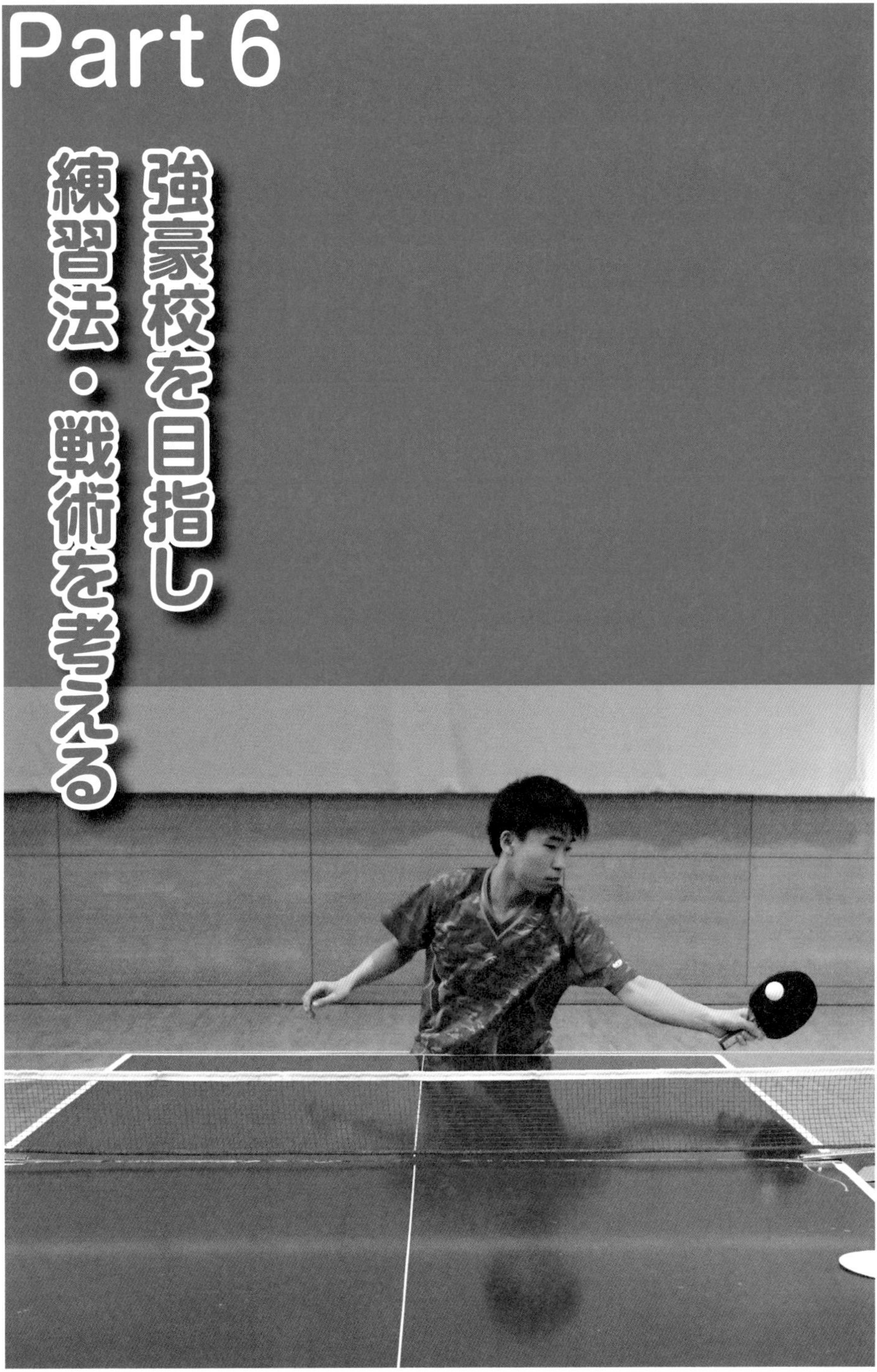

練習メニューは計画的に組みたい。また、部活という性質がら、練習時間も限られてくるので、試合の時期を中心にして年間計画を立てよう。

**CHECK POINT!**

❶体育館使用に合わせて短期計画を立てる
❷試合前にはゲーム練習を増やす
❸年間計画でチームの強化を計る

# POINT 38 限られた時間を有効に使おう

## 計画をしっかりとたてスケジュールを組む

部活は限られた時間の中で行われるもの。学生である以上、勉強も大切にしなければなりません。少ない時間をどれだけ上手に使うかが、カギを握るのです。

**そこでしっかり考えたいのが、練習スケジュールです。たとえば練習スペースが大きく使える日にはゲーム練習を多めにして、それ以外の日は筋トレや基礎練習にあてるなど、月間・週間単位での計画をしっかり立てましょう。**

また春先は新入部員の育成をしっかりと、大会前は試合メニュー中心など、年間を通じてのスケジュール管理も行いたいものです。目標を定め、達成するためにしっかりした計画を立てましょう。本大会までの綿密な準備が必要です。

## コツ① 練習場所に合わせてスケジュールを立てる

　練習スペースがどのくらい確保できるかによって、練習内容は変わってくる。広いスペースが使える場合には、実戦形式の練習で、できるだけ多くの球を打つ。狭いスペースの日には、筋トレや素振りなど基礎的な練習を積極的に行う。多球練習もうまく取り入れるようにしたい。また、学校によっては部員数に比べて卓球台が少ない学校もあるだろう。その場合でも、新入生は球拾いだけといった計画は立てるべきではない。士気があがらないし、卓球の楽しさが伝わらない。全員が台につけるよううまくローテーションを組む。

## コツ② 試合前にはより実戦的な練習をする

　もうすぐ大きな大会というときに、選手として大会に出る部員とそうではない部員が同じ練習をする必要はない。選手はできるだけゲーム練習と課題練習中心に。ほかの部員は彼らをサポートしつつ、ただ見ているだけでなく基礎練習などを行おう。

## コツ③ 年間計画を立てチーム全体を強化する

　春は新入部員を迎えて、フォームや基本的な練習法などを中心にチームワークを整える。大会が近づくにしたがい、レギュラー中心にゲーム練習をして雰囲気を引き締める。年間計画をしっかり立ててメリハリあるものにしてチームを強化しよう。

### ひとことアドバイス

**年間の練習メニューを考える**

下の表のように、1年間の練習メニューを、学年または実力ごとに考えることで、より効果的な練習を行える。

**練習メニューの一例**

| 新入生4月 | 新入生10月 |
|---|---|
| 準備体操（ストレッチ）→ランニング→サービス・レシーブ練習→多球練習（マシンによる基本打法）→コース限定ラリー→クールダウン | 準備体操（ストレッチ）→ランニング→サービス・レシーブ練習→ラリー練習→ゲーム練習→条件付きラリー→クールダウン |

POINT 39

# 数多くのボールを打って感覚をつかむ

闇雲にボールを打つのでなく、正しいフォームを理解した上での取り組みが大事。

**CHECK POINT！**

1. 打球前に正しいフォームをチェック
2. 基礎的な練習を粘り強く繰り返す
3. たくさんのボールを打って対応力をアップする

## マシンを利用して練習を効率よく行う

新入部員が初心者の場合、正しいフォームを理解することからはじめましょう。まずは、基本姿勢やグリップの握り方を確認。次に体の正面で打つという打球点、フォーム全体のバランスやリズムなどもチェックしていきます。

もし、覚えたての段階で、間違ったフォームを身につけてしまうと、レベルアップしていく過程で必ず、修正を余儀なくされてしまいます。三年間という短い期間で育成しなければならない部活動において、大きなマイナスです。

正しいフォームを理解したら、数多くのボールを打って感覚を身につけていきます。初心者同士の練習では、ミスが多くラリーが続きません。練習効率が落ちないようマシンを活用したり、マシンがないときは、多球練習によって正しいフォームと感覚を身につけましょう。

## コツ❶ 打球前に正しいフォームをチェック

基本姿勢や正しいグリップができていないと、いくらボールを打って練習してもなかなか技術は身につかない。人間が最も力が出せるポイントである「体の正面の打球点」をしっかり理解することがスタートだ。

## コツ❷ 基礎的な練習を粘り強く繰り返す

初心者同士の練習では、ボールがばらつき練習効率が悪くなる。マシンを使うことで効率をアップしよう。練習者はマシンであっても一本に集中して打球することが大事。正しい打球の感覚を身につけるまでは、規則的な練習を粘り強く繰り返す。

## コツ❸ たくさんのボールを打って対応力をアップする

ある程度、打てるようになったら多球練習により時間をかけて行う。上回転や下回転のボールへの対応、ドライブやカットに対しても返球できるようラケット面を操作する。フォアハンドとバックハンドの切り返しの部分も大事。

### ひとことアドバイス

### 自分の目でフォームを確認する

初心者は自分がどのようなフォームで打球しているか理解できない。鏡の前でスイングをしてチェックしたり、スマートフォン端末で動画撮影するなど、客観的な目でスイングを確認してみよう。

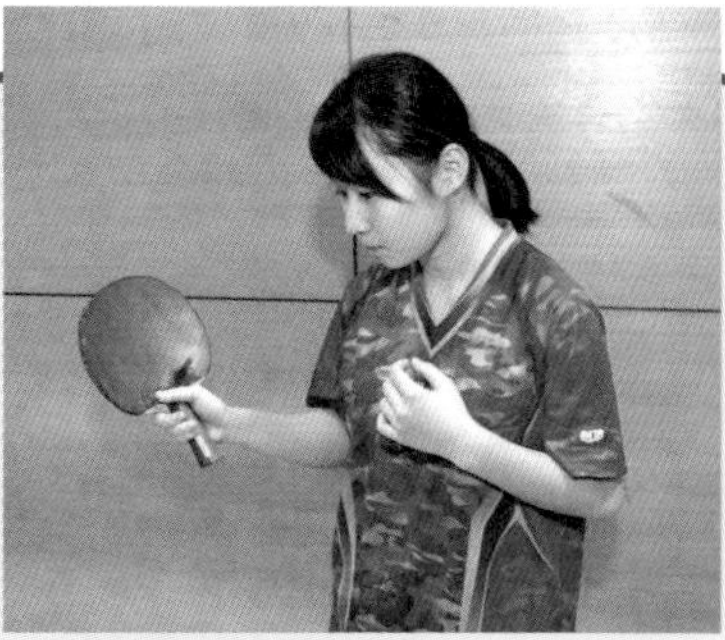

POINT 40

# スピーディーに確実に打ち返す

練習法の中でも、もっとも基本となるのが多球練習だ。ノッカーがスピーディーに球を出し、それを確実に打つことで、打ち方の基本を体に覚えさせる。

**CHECK POINT!**

❶打ち込まれた球は確実に打ち返す
❷一球一球集中して練習に取り組む
❸道具を使って、ボールのコントロールにも注意する

## スピーディーな動きで確実に打ち返そう

多球練習は、次々と打ち込まれる球を打ち返す練習です。切れ間なく飛んでくる球に俊敏かつ的確に反応して、相手側にリターンできるようにしましょう。

**初心者であれば、ゆっくりした球を同じ位置に送球してもらい、確実に返すという練習をしましょう。上級者になれば、ノッカー（球を送る人）に送球されたボールを決められたパターン（たとえば、フォア→バック→飛びつき→回り込み、というように）で打ち返す練習をしてみるといいでしょう。**

反復練習で動きにもついていけるようになり、スタミナ面での強化にもなります。球拾いの時間が軽減でき、選手の課題を集中的に強化することもできます。

## コツ① 試合を設定したボールを打つ

ノッカーが切れ間なく打ち込んでくる球を確実に打ち返す。試合を想定したシステムで、ツッツキ→ドライブ→バックハンド→スマッシュの順にボールを打つなどのシステム練習も有効。相手のボールをしっかり見て、対応することが大切。

## コツ② 可能なら50本以上連続で練習を続けよう

この練習のもうひとつの大きな効果はスタミナ面の強化。ただ漠然と球を打ち返すのではなく、集中力を高めながら打ち返すことで、スタミナも養われる。試合時の体力面だけでなく、緊張感の持続に対しても、力をつけてくれる練習法である。

## コツ③ 目標物を置いてコントロールを養う

相手側の台に目標物を置いて、それに向かって打ち込むことでコントロールをつける。目標物にするのはコースターやペットボトルなど。コースターは球を打球ポイントの、ペットボトルは打球の球の高低のねらいにする。

### ひとことアドバイス

**選手のレベルに応じた球を出す**

ノッカーには、効果の高い練習をするために相当な緊張感とコントロールが必要だ。より実戦に近いボール、選手のレベルに応じたピッチとボールを出すことにより、多球練習の効果がアップする。

POINT 41

# 規則的～不規則で実戦に近い練習を行う

打法を決める、コースを決めるなどして、規則性を持たせた打ち合いの後に、試合と同じ不規則な練習に移行する。実践に近い練習を行う。

**CHECK POINT!**

❶3球目までは規則的に球を打つ
❷4球目からは実戦同様に打ち合う
❸攻撃中心と守備中心を交互に行う

## ルールを決めて 実戦に近い打ち合いを

多球練習の次は、指導者の指示やお互いの約束ごとによって決めた規則的な打球のあと、不規則な球を打ち合う練習方法を行います。

たとえばお互いの3球目までは「フォア→バック→フォア」など順番を決めて、4球目からは自由に打ち合うというもの。攻撃をしかけるプレイヤーと、守備を中心に行うプレイヤーを交互に決めて打ち合えば、判断力や対応力が身につき、より試合に近い打ち合いの練習をすることができます。

**攻撃側はどのようにしかければいいのか、守備側は攻撃に対する判断力や対応力が学べます。規則的な練習だけだと集中力の低下にもつながります。**

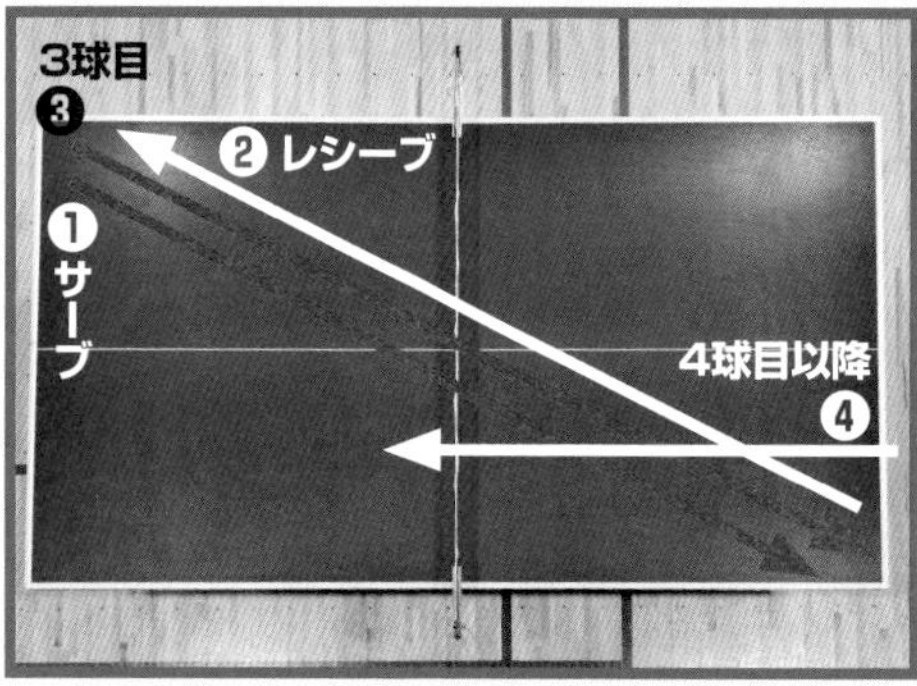


## コツ① 3球目まではコースを決めておく

3球目までは、あらかじめ決めておいた球で打ち合う。苦手とする打法を織り交ぜてもいいだろう。4球目につながるような順番にしよう。苦手な打法でも、基本動作に忠実に打つことを意識しよう。最初からフリーだと強化するポイントが不鮮明になることがある。

## コツ② 4球目からは実戦同様に自由に打ち合う

4球目からは実戦形式で自由に打つ。サービスを打ち出した方が3球目攻撃を仕掛け、それを交互に行えば、お互いに攻撃練習ができるだろう。いつも一緒に練習している仲間であっても、相手の弱点を見抜き、攻撃するための判断力を養おう。

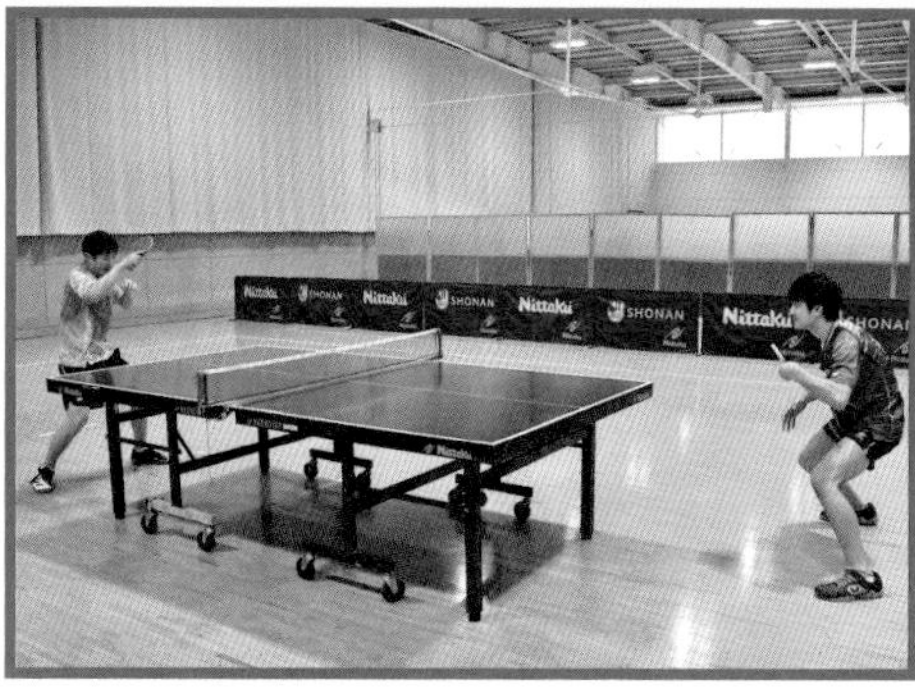


## コツ③ 攻撃中心と守備中心を交互に担う

基本練習でも「フォアハンドドライブ3本×バックブロック3本、以降はフリー」というように攻めと守りを入れ替えて攻守転換する。攻め、守り、フリーと実戦さながらの打ち合いになる。お互いが攻撃と守備の両方を練習できるように、順番を打ち合わせておこう。

### ひとことアドバイス

### 対応力だけでなくコントロールや安定性も重要

3球目までは規則性を決めて打ち合うのは、ここまでのコントロールと安定性もしっかり身につけておきたいからだ。決められた順番で球をしっかり打ち返す訓練も大切にしよう。

POINT 42

# 条件付きゲームで緊張感と戦う

様々な条件を決めて、緊張感を持った想定ゲームを行う。実戦でプレッシャーに勝ち、普段通りのプレイをするためには、必ず行っておきたい練習といえる。

**CHECK POINT!**

❶緊張感に打ち勝つことを想定する
❷接戦を設定し、残り数ポイントからスタート
❸ハンディをつけて緊張感を増す

## 接戦を想定した練習で緊張感に勝つ訓練をする

試合には「どうしてもここでミスができない」という瞬間が出てきます。そのときのプレッシャーに打ち勝つための練習として有効なのが、条件付きゲームです。

たとえば最終セットで、点差がない場合や9対9などの接戦を想定して、2点先取のゲームをやってみましょう。

特に、少しだけ実力差のありそうな相手とこのゲームを行うと、逆に「負けられない」というプレッシャーがかかって緊張感が増します。

**緊張感を高め、そのプレッシャーに負けない精神力を養い、試合運びを身につけることがこの条件付きゲームの目的なのです。**

## コツ① プレッシャーに勝つことを意識する

練習場に1台だけ設置し、試合に出ていると想定して、その緊張感に勝つための練習であることを、強く意識しよう。部活の場合では、負けた方にペナルティを課したり、周囲からプレッシャーを感じるような実戦に近い応援をするのもいい。

## コツ② 僅差の点数を設定しそこからスタート

最終セット・9対9、8対8など、あと2ポイントか3ポイント先取で勝ちが決まる、あるいはデュースに持ち込まれるという点数を設定する。点数板も用意しよう。「この勝負は絶対に負けられないんだ」と強く意識しながら、ゲームに取り組むこと。

## コツ③ ハンディをつけてプレッシャーを与える

実力差のある相手とゲーム練習を行う場合は、強い人にハンディをつけて追い込むのもいいだろう。コートの半面対全面や、自分はロングサービスだけにして相手にレシーブから攻撃させるなどだ。大切なのは、自分で考えてゲームを試してみることだ。

### ひとことアドバイス

### ゲームを勝ち切るための試合運びを身につける

試合では4ポイント差になるシーンが多く、選手によっては、そこからの逆転負けを経験したこともあるはずだ。油断できない得点差を勝ち切るための試合運びを身につける。

POINT 43

# 「3球目攻撃」につながるサービスをする

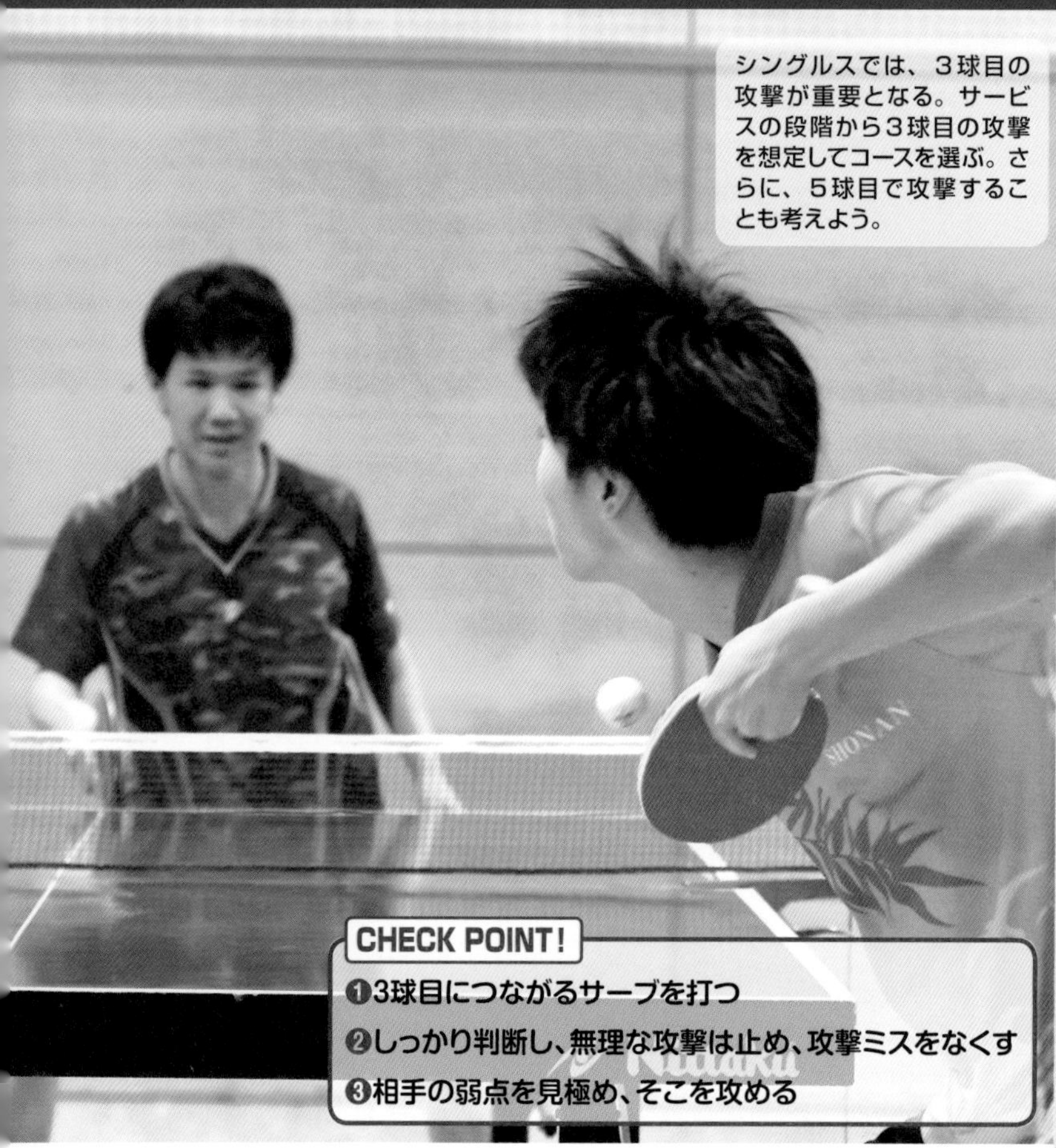

シングルスでは、3球目の攻撃が重要となる。サービスの段階から3球目の攻撃を想定してコースを選ぶ。さらに、5球目で攻撃することも考えよう。

**CHECK POINT!**

❶3球目につながるサーブを打つ
❷しっかり判断し、無理な攻撃は止め、攻撃ミスをなくす
❸相手の弱点を見極め、そこを攻める

## サービスを出し 次の3球目で攻撃する

**自分のサービスを1球目とすると、相手のレシーブを2球目。次の3球目は自分が打ち返すボールになります。サービスの次のボールで攻撃をしかけていくことを「3球目攻撃」と呼びます。**

1球目のサービスをどのように出せば、3球目を攻撃しやすいレシーブが返ってくるのかを考えましょう。ショートサービスからの攻撃、ロングサービスからの攻撃など数多くのパターンを身につけましょう。

また、3球目で相手をしっかり崩しておいて、5球目を打ち込む「5球目攻撃」も有効的な攻撃方法です。3球目・5球目のボールをうまく打てるように、自分の攻撃パターンをしっかり練って練習しましょう。

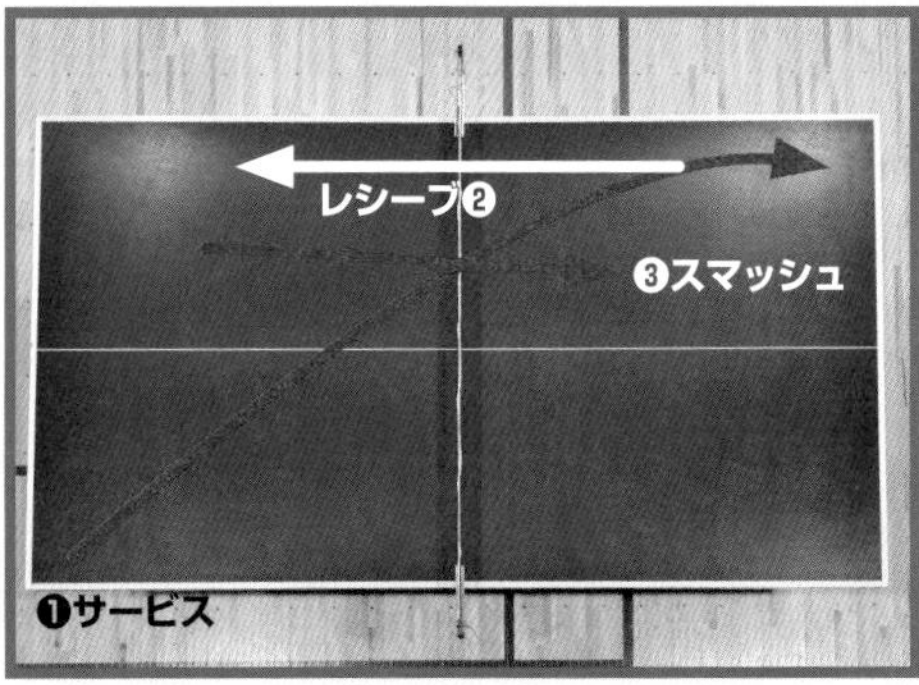


## コツ❶ 3球目につながるサービスを考えよう

相手の弱点をつく、レシーブのパターンを予測する、相手の心理を読むなど、自分が３球目攻撃、５球目攻撃につながるようなサービスを出すことが３球目攻撃をする上でのポイント。３球目攻撃の成功には、良いサービスをすることが大切なのだ。

## コツ❷ 冷静な判断で攻撃ミスをなくす

３球目で攻めることに意識が向きすぎて、攻撃ミスを犯すことがある。相手がいいリターンを返してきたときには、無理に強打しようとしてミスをしてしまうことも。攻撃するか、しないか、冷静な判断力を養うようにしよう。無理な攻撃は自滅につながる。

## コツ❸ 良いところをつぶし弱点を攻める

攻撃の基本は、相手に良いところを出させず、逆に弱点を攻めることである。たとえばバックハンドが弱いと思えば、サービスでバックハンドをねらい、リターンを強打すればいいのだ。相手がシェークハンドならミドル攻撃も有効だ。

### ひとことアドバイス

## 5球目攻撃では3球目がカギになる

5球目攻撃は3球目のショットが重要。3球目で有利に立てれば、相手がブロックしてくる可能性が高い。そこを一気に崩すように攻め込むのだ。そのためにも、3球目を攻撃すること。

POINT 44

# 「4球目」で守備から攻撃に転じよう

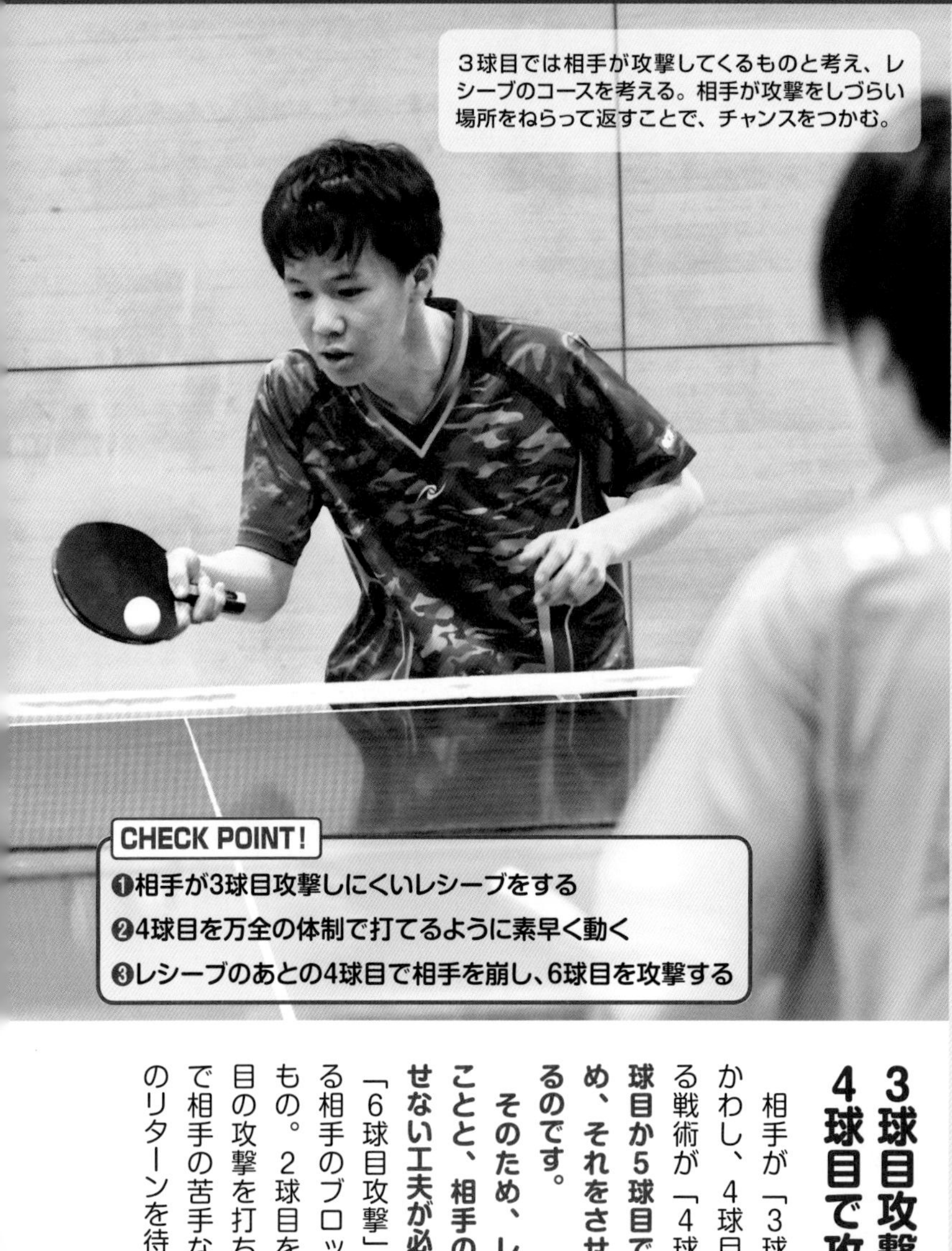

3球目では相手が攻撃してくるものと考え、レシーブのコースを考える。相手が攻撃をしづらい場所をねらって返すことで、チャンスをつかむ。

**CHECK POINT!**

❶相手が3球目攻撃しにくいレシーブをする
❷4球目を万全の体制で打てるように素早く動く
❸レシーブのあとの4球目で相手を崩し、6球目を攻撃する

## 3球目攻撃をかわし 4球目で攻撃を開始

相手が「3球目攻撃」に出てくるのをかわし、4球目、6球目と攻撃を仕掛ける戦術が「4球目攻撃」です。**相手は3球目か5球目での攻撃をねらっているため、それをさせないレシーブが必要となるのです。**

**そのため、レシーブ技術を身につけることと、相手の攻撃を読んで、それをさせない工夫が必要でしょう。**

「6球目攻撃」は、4球目の攻撃に対する相手のブロックをさらに崩そうとするもの。2球目をフリックなどにして3球目の攻撃を打ちづらくした上で、4球目で相手の苦手な場所に攻め込んで5球目のリターンを待ちます。

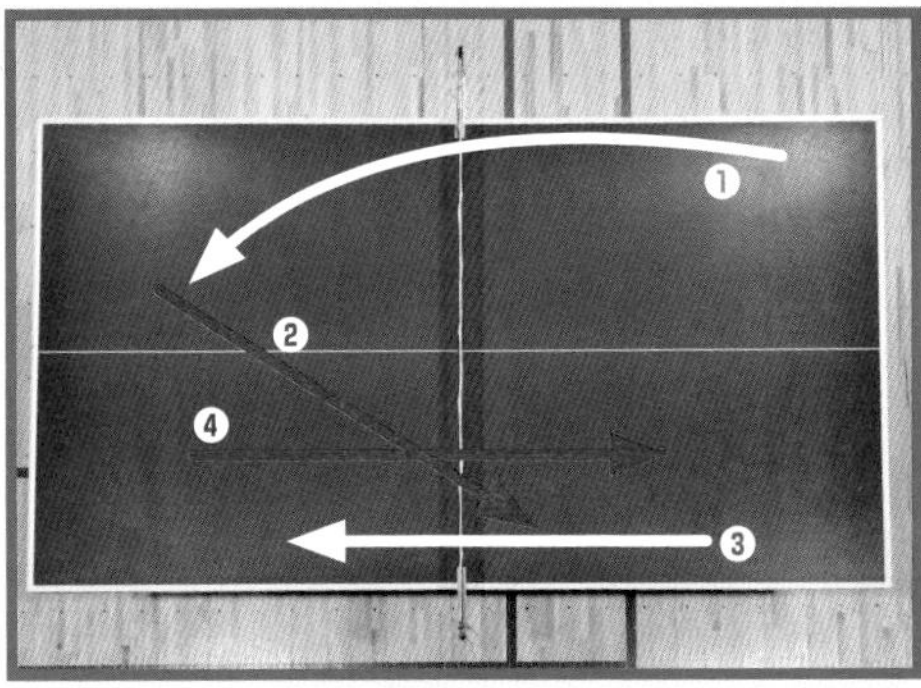


## コツ❶ 2球目のレシーブを工夫し攻撃をかわす

相手のサービスに対するレシーブが4球目攻撃のカギ。相手のサービスに対して、相手が攻撃できないレシーブをしよう。3球目を相手が攻撃できないという状況にして、4球目を相手の苦手なところに強打すると有効的だ。

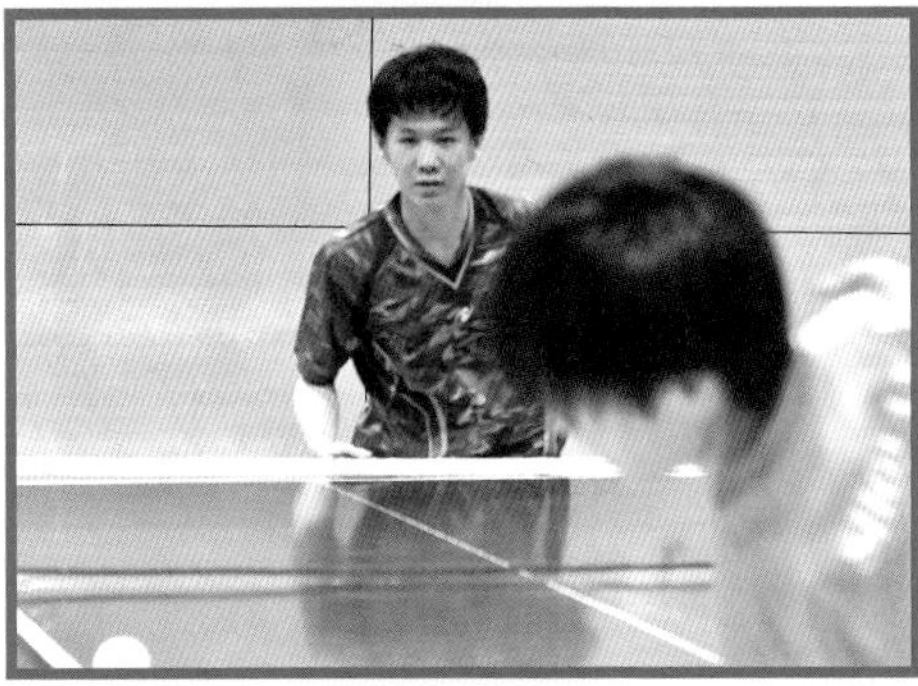

## コツ❷ 2球目を打ったら素早く基本姿勢に

レシーブをリターンすると、相手は3球目をねらってくる。すばやく基本姿勢になって、構えることが大切。シェークハンドなら両ハンドから攻撃ができるよう準備する。2球目のリターンのあとは素早く次に備えよう。

## コツ❸ カウンター攻撃でラリーの主導権を握る

三球目攻撃を仕掛けられても受け身にならず、四球目以降にカウンターを使って攻撃に転ずる。最初のリターンをレシーブが単調にならないよう工夫し、相手に思い通りに三球目を打たせないことがポイントだ。

### ひとことアドバイス

### レシーブのバリエーションを持とう

レシーブにもさまざまなバリエーションが必要。ストップ、フリック、チキータなどの技術も磨いておこう。レシーブがきちんとできると、相手の攻撃を封じやすくなる。

POINT 45

# 競ったら得意なプレイで勝ちをねらう

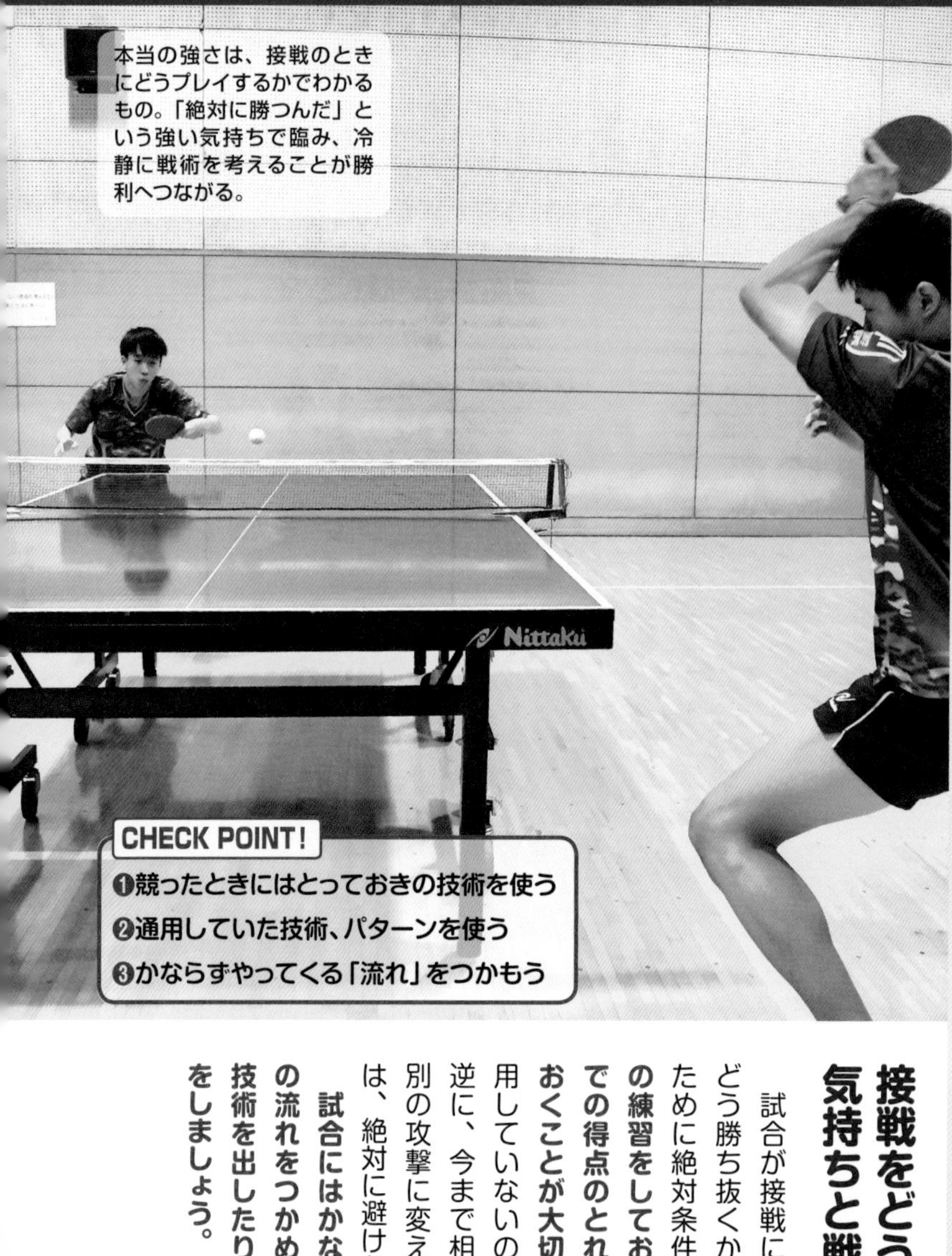

本当の強さは、接戦のときにどうプレイするかでわかるもの。「絶対に勝つんだ」という強い気持ちで臨み、冷静に戦術を考えることが勝利へつながる。

**CHECK POINT!**

❶競ったときにはとっておきの技術を使う
❷通用していた技術、パターンを使う
❸かならずやってくる「流れ」をつかもう

## 接戦をどう勝ち抜くか気持ちと戦略を考える

試合が接戦になったとき、その試合をどう勝ち抜くかということは、強くなるために絶対条件です。**緊張感との戦い方の練習をしておくだけでなく、試合の中での得点のとれる武器をしっかり磨いておくことが大切です。**また、相手には通用していないのに同じ攻撃を繰り返す、逆に、今まで相手に通用しているのに、別の攻撃に変えるといった戦略上のミスは、絶対に避けたいところです。

**試合にはかならず流れがあります。その流れをつかめるように、とっておきの技術を出したり、間をとったりと、工夫をしましょう。**

## コツ❶ とっておきの技術を自分の中で確立する

接戦の中では、誰もが緊張状態になっている。そんな中で、サービスにしろレシーブにしろ、それまでと違う技術を見せられると人は必要以上に動揺してしまうもの。接戦の中でこそ、小さなことでもいいのでとっておきの技術を使えるように練習しよう。

## コツ❷ 今まで通用していた技術は続けて使う

新しい技術を出すのは有効的だが、ここで大切なのは今まで相手に通用していた技術をやめないということだ。自分の戦略を相手がどう思っているかをうかがい、嫌がっているように見受けられるものに関しては継続して、それで攻めるようにしよう。

## コツ❸ 流れがきたらかならずつかむ

試合にはかならず流れがあるものだ。それをしっかりつかむことで勝敗が決まることも少なくない。たとえば、サービスのときのタイミングの取り方や、レシーブのときの構えの違い、相手の凡ミスが出たときなど、ちょっとしたことで展開が変わる。

### ひとことアドバイス

### 意表をつくプレーで相手の読みを外す

流れを変えるためには、裏面のツブ高レシーブやチキータ、深いツッツキなどで相手の意表をつくことが大事。カウンター攻撃なども練習しておく。

POINT 46

# パートナーのことをよく知ろう

プレイがうまい人同士が組んでも、息が合っていなければダブルスでは通用しない。パートナーを知り、役割を決めてプレイすることが強くなるコツだ。

**CHECK POINT!**

❶お互いをよく知ることがもっとも大切
❷役割をしっかり決め、プレイ中の混乱を避ける
❸試合相手とパートナーの事を考える

## パートナーを理解して相手の良さを引き出す

ダブルスは、二人一組がペアとなって試合を行ないます。部活では、パートナーは自然に決まることもあるでしょうし、指導者や顧問の目を通して相性の良い二人が組むということもあるでしょう。

パートナーが決まったら、**一番に考えなければいけないのは「パートナーを知る」ということ。**性格面はもちろん、攻撃パターンや守備面でも自分とは違う人と一緒にペアを組んでプレイをするのです。**パートナーの良さを導き出しながら、自分のプレイスタイルもしっかり出すようなコンビネーションができるように、練習のときからお互いを理解してペアを作るのが大切でしょう。**

## コツ① お互いをよく知ることで強いペアになれる

パートナーは自分とは違う人間だということを強く意識しよう。パワーのある選手なのか？　パワーはないけど粘り強さがあるのか？　決め球は何なのか？　技術面でも、考え方の面でも相手のことをよく理解するのが、ダブルスの第一歩である。

## コツ② 試合中の役割をあらかじめ決める

たとえば接戦になったときにどう対応するのか。片方が攻撃的になってしまいがちな性格なら、片方が冷静に判断するように心がける。あるいはプレイ面でも決め球を打つ人と、チャンスを作る人など、いつも役割を決めておこう。

## コツ③ 試合相手+パートナーのことを常に考えて動く

ダブルスは当然ながら相手も二人いる。しかし、この二人だけを相手にしているのではなく、パートナーのことも考えて試合に臨まねばならないのが難しいところ。試合が動くたびに声かけをし、お互いを励ましあうことを心に留めておきたいものだ。

### ひとことアドバイス

### 対立を恐れずに積極的に意見を出し合おう

ペアの二人は、常に話し合いを持とう。自分の考えをぶつけ合うことで、より親密になれる。ときには意見がぶつかることもあるだろうが、恐れずに積極的に理解を深めたいものである。ひとりよがりは禁物だ。

POINT 47

# レシーブの重要性を意識する

ダブルスでは、レシーブが非常に重要だ。サービスがコート半面に限定される分、正確な返球が求められる。サインを決め、レシーブを確認するのも良い。

**CHECK POINT!**

❶レシーブの重要性はシングルスの2倍と考える

❷相手は短いサービスが多い

❸レシーブはサインで確認する事も必要

## レシーブが重要課題 二人で戦略を考えよう

ダブルスは二人で交互に打ち合うので、シングルスとは戦術が大きく異なります。**特に重要視されるのはレシーブです。ダブルスの場合、サービスは台の右半分から相手の左半分に出すことが決められているので、サービスのコースによるゆさぶりがかけられないのです。**

長いサービスはレシーブから攻撃されやすいため、短いサービス中心になります。その場合、ツッツキやストップ、フリックやチキータを使ってレシーブします。ツッツキ、ストップのどの技術でレシーブするか、ときにはフリックで返すか。パートナーとあらかじめサインを決めておくのも良い方法です。もし、相手のサーブが台から出たらチャンス。積極的にドライブで攻めましょう。

## コツ① シングルスの2倍 重要なレシーブ

ダブルスは台の右半分から相手の左半分にサービスを出さなければならない。つまり、レシーブ側はほぼ構えている場所にサービスがくる。相手が3球目攻撃で有利にならないレシーブをしなければならないので、レシーブの重要性が高い。

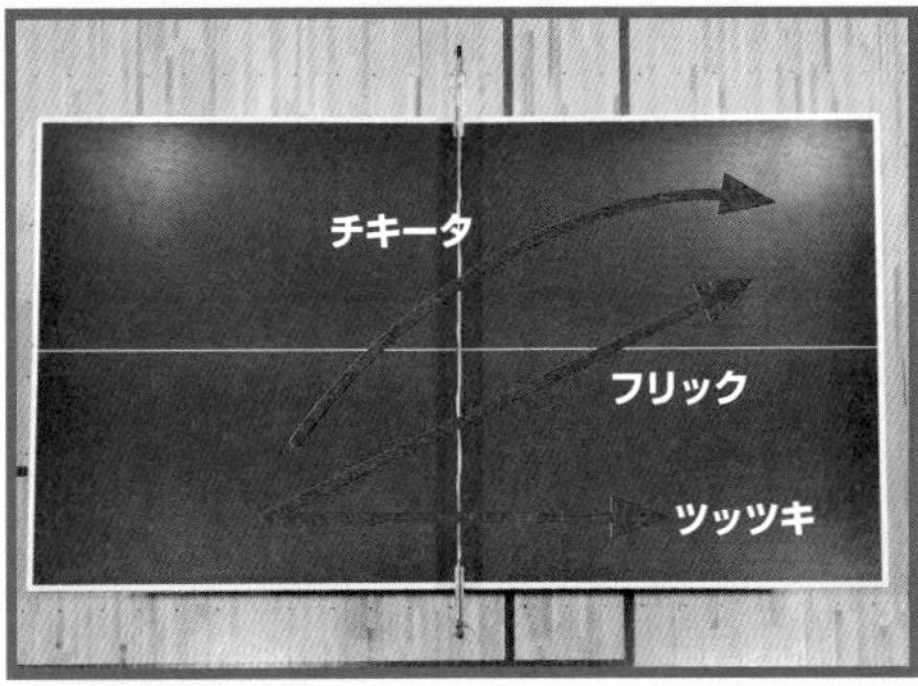


## コツ② 短いサービスに 対応をする

短いサービスに対して、ツッツキやストップ、フリック、チキータなどでリターンする。相手の3球目攻撃を封じ、攻守交代のチャンスを4球目でねらう。左図はその攻撃パターンに転じるまでの一例。このようにレシーブのパターンを何種類か身につけておく。

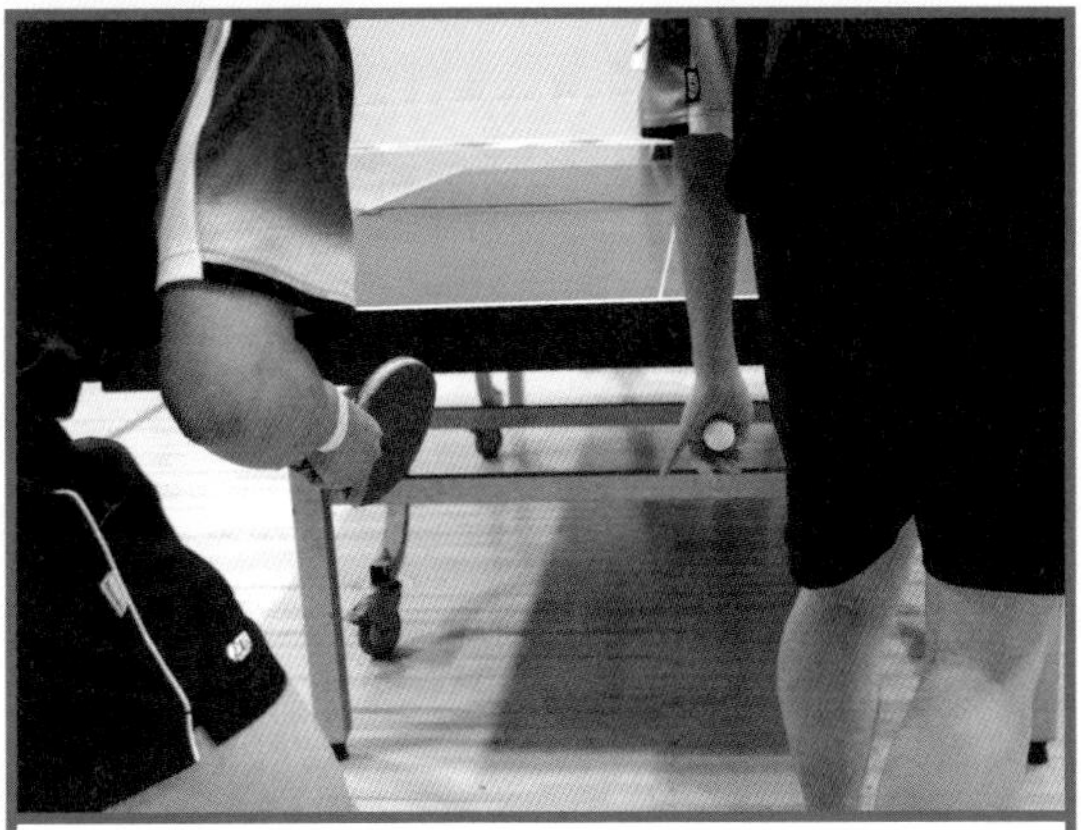

## コツ③ サインを決め レシーブの確認をする

どのコースにレシーブするか、ストップするかフリックか。それによって次の４球目の戦術も変わる。そこで、事前に打ち合わせしておくことが大切となる。そういった意味でも、パートナーと意思疎通ができていることがダブルスでは大切なのだ。

### ひとことアドバイス

### ダブルスでは 大きく動くこと

ダブルスは大きく動いて攻撃しよう。無理をしてでも、ときにはドライブを打ち込む。少しくらい無理をして攻撃しても、次球はパートナーがカバーしてくれるだろう。

## コラム⑥ 強豪校の共通点

5つの質問をします。「①挨拶はできていますか?」「②時間は守られていますか?無駄な時間を費やしていませんか?」「③練習場は汚れていませんか?部室は整理整頓されていますか?」「④ネットはたるんでいませんか?「⑤練習に真剣に取り組んでいますか?」。

どれも部活動をするうえでは、当たり前のことですが、習慣となっていない学校が圧倒的に多いのではないでしょうか?

私が知っている強い中学校・強い高校の卓球部には、次の**10項目の共通点**があります。「①挨拶が気持ちいい」「②動作が機敏である」「③時間に厳しく、時間に正確である」「④練習場、部室の清掃が行き届いており、整理整頓されている」「⑤指導者・選手の服装がきちんとしている」「⑥道具が丁寧に扱われている」「⑦与えられた環境の中で勝つための工夫をしている」「⑧練習目標・練習計画・練習課題が明確である」「⑨勝てない理由を他に求めることをしない」「⑩選手が自分の取るべき行動を理解している。先生に指示される前に行動を起こせる」。

これらは当たり前のことです。できなければ試合に勝つことはできません。満足する結果をおさめることは不可能です。当たり前のことが当たり前にできるようになることが強いチームの第一歩です。

# Part 7

# よりよい部にするために

POINT 48

部活動とは

# 仲間と助け合い、人生に必要なことを学ぶ場所に

部活動という空間は、卓球だけを学ぶのではない。人生に必要なことを学ぶ場所にしていくことが大切だ。仲間と助け合い、協調性を身につけよう。

## 仲間がいること　それが部活の良いところ

卓球は基本的に個人競技です。ダブルスはパートナーとの二人三脚になりますが、基本的には一人で戦うスポーツなのです。一人でトレーニングをしていると、ときには目標が達成できずにくじけてしまったり、怠けてしまうこともあるでしょう。しかし、仲間がいれば助け合うこともできるし、実力の近い仲間とは切磋琢磨してお互いを高めあうこともできるでしょう。

## 友だち・仲間から　自分に足りない部分を学ぼう

部活で卓球をやることの魅力は「周囲から学べる」ということです。技術面、精神面共に、自分に足りないと思うことが誰でもあるでしょう。そんなときの克

**服のヒントをくれるのが友だちであり仲間なのです。**

たとえば技術面。サービスにしろレシーブにしろ、自分は苦手でも、部の中の誰かが得意でしょう。その人のプレイを見ていたら、苦手克服のヒントが転がっているものです。

精神面に目を向けても、仲間のちょっとした一言が、自分の足りない部分に対する「気づき」を与えてくれることがよくあります。「あ、ここが欠けているんだ。良くないんだ」と感じることは、自分の成長のための第一歩です。そのためにも、仲間の存在は大切にしたいものです。

## 将来の人生に役立つ社会性や協調性を身につけよう

**部活の目的は、卓球が強くなることだけではありません。社会に出てからの人生に役立つさまざまな力をつけることが大切です。**たとえば仲間と協力しあうことで身につく協調性。あるいは「強くなるために」自分で自分に課題をあたえ、克服するために何をすべきかを考える主体性など。部活で身につくことはたくさんあります。

また、卓球は将来的にも長い間楽しめるスポーツです。多くの指導者が、高校生・大学生になっても卓球をやめないで欲しい、ずっと続けてほしいと思っていることでしょう。いい社会人になって、いいお父さん・お母さんになって家庭を築き、幸せな人生を歩みながら子どもと一緒にまた卓球を楽しんで欲しい……その基礎を作るのが部活なのです。

## 周囲の方に感謝を覚え、一緒に笑顔を作りましょう

先ほど「仲間」ということを述べましたが、あなたの周囲にはほかにもさまざまな人がいます。両親や家族をはじめ、先生、クラブのＯＢのみなさんのことを考えなくてはいけません。

たとえば試合にはたくさんの人が応援に来てくれます。みなさんが試合で緊張するのと同じように、来てくれている方もみな、緊張しながら応援してくれているのです。そして、そういう人々の声援によって、心が折れることなく試合を戦い抜く事ができ、勝利に結びつくことがあるかもしれません。

**部活で卓球をやるのはあなたかもしれませんが、あなたひとりでは何もできません。ご両親がいて、家族の協力があり、学校関係者やＯＢの人の支えや助力があってはじめてできることもたくさんあるのです。**そのことを忘れずに、部活に打ち込みましょう。

POINT 49

# わずかな時間でもラケットに触れ感覚を養う

## 時間を有効活用して パフォーマンスを維持する

中学校や高校の部活動では、定期テスト前やテスト期間は、活動が中止になったり、練習時間が短縮されることが多いでしょう。

そのような時に、全くラケットを握らない、体を動かさないのでは、練習が再開された後に、良いパフォーマンスは発揮できません。せっかく身につけた感覚も忘れがちになります。

**わずかな時間でも良いので、ラケットを握り、ボールを弾ませて打球感を忘れないことが大切です。勉強時間のわずかな隙間に腹筋やスクワットなどの筋力トレーニングをするようにしましょう。**

卓球は個人競技です。自分が強くなるために個人の努力で家に帰ってからでもできることを次ページにまとめました。ぜひ実践してください。

## 家でも実践できる卓球トレの心得

①今日の練習に無駄がなかったか？ 改善すべき点がなかったか？良かった点、気づいたことなどを振り返る。できれば卓球ノートに書く。

②体力トレーニングをする。特に卓球は瞬発力とバランスが大切。体幹トレーニング、脚力トレーニングが技術向上につながる。

③その日の疲れを残さない。ケガや故障しにくい、しなやかな体をつくるために、ストレッチ体操をする。シャワーだけでなく湯船につかり、疲れをとる。

④強い体をつくるために、規則正しい生活をし、栄養ある食事を摂る。

⑤睡眠を十分とる。TVや携帯、SNS、ゲームに多くの時間を取られないように配慮する。

⑥読書の時間を取り、幅広い知識を得て自分を磨く努力をする。

⑦ランニングをする。ランニングは嫌いな人、苦手な人が多い。だからこそ忍耐力、集中力などの精神面を鍛える効果がある。1日数試合をこなすための持久力にはうってつけ。

このほかにも、各個人の力量を上げることは工夫次第でたくさんあります。努力することを習慣にしてしまいましょう。個々の力の総合力が、学校のチーム力になります。個人の努力を結集したものがチーム力になります。

POINT 50

# 明確な目標を立て本番の試合で力を発揮する

## 卓球部を効率的に運営していくための計画をつくる

卓球部として活動していくためには、**まず目標を設定し、目標達成のための練習計画を立てることからスタートします。そこで練習の注意点や課題についても明確化し、日々の練習の無駄を省き、効率的な練習を行うことがポイントです。**どのようなチームをつくるのかも明確にしましょう。

また、技術の習得状況については、練習試合でチェックしつつ、最終的な本番の大会に向けて仕上げいてきます。

大きな試合前には、必ず最終的チェックの機会を設け、万全な体勢で試合にのぞむことが大切。試合が終わったら、ミーティングで勝因と敗因の明確化し、新たな目標を設定することで、次の大会、次の代に卓球部としての成果が受け継がれていきます。

## コツ① 目指す大会と目指す目標を部内ではっきりさせる

地区大会通過、ブロック大会優勝、関東大会出場、全国大会出場などチームごとに目標が違う。それぞれの目標を達成するには、練習時間、練習内容、練習の難易度、練習の厳しさが大きく異なってくる。

## コツ② 綿密な計画を立て技術の習得度も把握する

次に目標を達成させるための練習計画を立てる。いつまでにどの技術を身につけるのか、どこまでの精度を必要とするのか考える。月単位の練習目標、強化課題、週単位の練習目標、強化課題を用意し、計画を具体化していく。

## コツ③ 「練習のための練習」で時間を無駄にしない

練習に無駄がないか、課題は正しいのかチェックする。何となくの課題設定、今必要としない練習、目的のはっきりしない練習はやらない。経過を練習試合や部内試合で必ずチェックしたうえで大会にチャレンジする。

### ひとことアドバイス

**試合終了の挨拶は次の大会へのスタートの挨拶**

「試合後」目標とする大会で全力を尽くした後は、いち早くチームでミーティングを行い、敗因を明らかにする。「負けに不思議な負けなし」。すぐに次の大会へのスタートを切る。

# POINT +α 選手と指導者、保護者が一体となって取り組む

## スローガンを掲げて三者が共通意識を持つ

卓球部としての共通意識やスローガンがあるチームは、練習への心構えがしっかりしています。

**大きな目標に対し、選手たちがブレずに卓球に取り組んでいくためには、選手の努力はもちろん、部としてのチームワーク、そして指導者や顧問の先生の頑張り、保護者の協力が必要です。**

三者それぞれの取り組みや考え方によって、チームは良い方向に進みます。部活動を充実したものにするため、もう一度、部のあり方を見直してみましょう。

### 選手には1「素直」2「努力」3「感謝」「謙虚」が必要

- □選手が指導者を尊敬・信頼している
- □選手が指導者の方針・理念を理解している
- □選手が目標をしっかり持っている
- □選手が自分に足りないものを自覚している
- □選手が組織内の自分の役割を自覚している
- □選手が努力と工夫の大切さを知っている
- □選手が周囲の理解や協力の大切さを熟知している
- □選手が親への感謝と周囲の人々への感謝の気持ちを強く持っている
- □選手が自分のやるべきことを理解している
- □選手が自分のことを信じている
- □選手がチームにプライドを持っている
- □選手が指導者とチームメイトの陰口・悪口を言わない
- □選手が監督以外の先生に挨拶できる
- □選手が健康管理の重要性を熟知している
- □選手が学校や社会のルールを守れている
- □選手が部活の意義を理解している

## 保護者は「良き理解者」「協力者」「応援団」になる

□保護者が子供を信じている。

□保護者が監督を尊敬・信頼している。

□保護者が協力的である。

□保護者が子供を客観的に見ることができる。

□保護者が子供の人格を認めている。

□保護者が子供のチーム内の役割を理解している。

□保護者が子供の立場を尊重している。

□保護者が相談できる人、友人がいる。

□保護者が監督と直接話せる。

□保護者が監督、子供、周囲の人に対して感謝の気持ちを持っている。

## 生徒、保護者、顧問の三者が「なんのための部活か」を理解する

□三者が部活の意義を理解している

□三者が未来の可能性を信じている

□三者がお互いの立場と期待を理解している

□三者がお互いの思いを尊重している

□三者が自分に何ができるかを考えている

POINT +α

# 卓球というスポーツの本質を見直す

## 競技の特性を理解して練習に取り組む

卓球は、野球のように攻撃と守備がはっきり分かれていません。サッカーのように、時間内で得点を争う競技でもありません。また水泳のようにタイムを競う競技ではなく、体操やフィギュアスケートといった採点競技でもありません。

**卓球というスポーツの本質をとらえたとき、10の特性があることを理解しましょう。その上で特性に基づいた練習方法を工夫して、毎日鍛錬することがレベルアップの秘けつです。**

「練習効果」は練習内容（何を）×練習の質・集中力（どのように）×練習時間（どれだけ）をやるかが大切です。効果的な練習を積み重ねることが、卓球選手としての成長のカギとなります。

## 卓球競技の特性10原則

①**1ゲーム11本で3ゲーム（33本）先取すれば勝てる。**同じ戦い方では、なかなか3ゲーム取って勝つことが難しい。

②**攻めと守りがある。攻撃と守備がラリー中に激しく入れ替わる。**守りを攻めに転換する技術の重要性が必要。攻めの後にすぐ守らなければいけない局面もある。

③**規則的なボールはない。試合で同じボールはこない。**不規則なボールにどう対処するか？がとても重要。ネットイン、エッジボールもある。

④**次のポイントまで、間がある。考える時間がある。**球拾い、タオルタイム、タイムアウトで相手の戦術や考えていることを察知できると勝ちやすい。何の技術を選択するかが勝敗に影響する。

⑤**相手の取れないボールを打てば得点できる。勝てる。**得点できる　主戦武器が必要。

⑥**決定球・主戦武器の前の技術が大事。**チャンスを生み出すボールの精度と工夫がいる。

⑦**目の覚めるようなスーパーショット・スーパーボールもサービスミスなどの凡ミスも同じ1点。**凡ミスしたら負ける・不用意な失点を防ぐ。

⑧**すぐ目の前に相手がいる。**自分の態度・表情、相手の表情・心情に気を配る。

⑨**小学生でも大人に勝てる。**体格、運動能力が全てではない。技術と戦術が大事な競技。相手のボールを利用することと相手の弱点を突くことが大事。

⑩**戦型ごとに弱点がある。**シェークの弱点はミドルとフォアハンドの台上技術、ペンの弱点はバックサイド、カットは前に寄せて攻める。ほかにもミドルに強打する、前後に揺さぶる、など戦術を考える上でまず知っておくことがある。

指導者に覚えておいてほしい言葉
「人を育てるのは人。」
「人の心は、人でしか豊かにならない。」
「指導者は学ぶことをやめたら、教えることをやめなければならない。」

# 指導者に必要なもの、指導者の仕事

この本の最後として「良い部活」を創るための「指導者」に関する私の考えを述べさせていただきます。

まず指導者に必要なものは何でしょうか?指導者に必要なものはたくさんあると思います。その中で私が考える指導者に必要なものを、一言でいうと**「信」「感」「力」**の3つになります。

その中で**一番大切なものは「信」で、「信用」と「信頼」です。**まず、先生と生徒の間に信用と信頼があることが部活動では最も重要です。

次に**必要なものが「感」で、「責任感」と「使命感」です。**先生が、卓球を教えることがどれだけ生徒に大きな影響を与えるのかという「責任感」と、卓球を教えることがとてもやりがいのある素晴らしいことだという「使命感」を持って指導にあたっているかということです。卓球を通して、生徒、先生お互いが笑顔になれます。感動を味わえます。成長できます。

　そして**3つ目の「力」は、「説明力」と「演技力」です。**それは、生徒に「正しいことを正しく伝える力」です。「何をどう伝えるか」「どうすれば伝わるか」「どう表現するか」を考え、実行できる力です。「伝える」で終わらず、「伝わる」まで指導してください。

　次に指導者の仕事を3つ挙げます。

　第一は、試合までにどれだけの**準備**をするか?ということです。部活動であれば、どれだけ教育と指導が出来るか?ということです。技術・戦術・精神はもちろん人間教育・正しい考え方もできる限り指導してください。

　次に、生徒をしっかり**把握**することです。生徒は何を望んでいるのか?どこまで勝ちたいのか?生徒の個性も把握して指導にあたるということです。

　3つ目は、**生徒にとって大切なもの**を伝えることです。特に部活動では、「やり方よりも考え方」「1球の打ち方よりも1球の重み」「結果を出すための経過の重要性」も教えることが大切だと思います。

　写真とともに指導者に覚えておいてほしい言葉を3つ挙げました。参考にして頂ければ幸いです。

　ぜひ、生徒の成長につながり、生徒の一生の思い出となるような部活動を構築してください。

**長谷部攝**

**撮影協力／湘南工科大学附属高等学校　卓球部**
〒251-8511　神奈川県藤沢市辻堂西海岸 1-1-25
TEL：0466-34-4114　FAX：0466-33-2365
https://www.sh.shonan-it.ac.jp/

●協力　日本卓球株式会社 Nittaku
https://www.nittaku.com/

●カメラ　鈴木美也子／柳太
●デザイン　居山 勝
●編集　株式会社ギグ
●執筆協力　野口 裕子／高松健一郎／山田智美
●モデル協力　添田唯

**部活で差がつく!**
**勝つ卓球　上達のポイント50**

2020年　6月 5 日　第1版・第1刷発行
2024年　5月 15 日　第1版・第6刷発行

監修者　長谷部　攝（はせべ　ただし）
発行者　株式会社メイツユニバーサルコンテンツ
代表者　大羽　孝志
〒102-0093 東京都千代田区平河町一丁目1-8
印　刷　三松堂株式会社

 ISBN978-4-7804-2327-3 C2075 Printed in Japan.

ご意見・ご感想はホームページから承っております。
ウェブサイト　https://www.mates-publishing.co.jp/

企画担当：大羽孝志／千代　寧

※本書は2011年発行の『部活で大活躍できる!!勝つ!卓球　最強のポイント50』を元に加筆・修正を行っています。